高级母婴护理师

培训教材配套考试题库

试题编写组　编

考点速记　知识分解

题目精选　模拟提升

中国工人出版社

图书在版编目（CIP）数据

高级母婴护理师培训教材配套考试题库 / 试题编写组编. —北京：中国工人出版社，2015.8

ISBN 978-7-5008-6224-6

Ⅰ. ①高… Ⅱ. ①试… Ⅲ. ①产褥期–护理–技术培训–习题集②新生儿–护理–技术培训–习题集 Ⅳ. ①R473.71-44②R473.72-44

中国版本图书馆CIP数据核字（2015）第198689号

高级母婴护理师培训教材配套考试题库

责任编辑	李素素
责任校对	赵贵芬
责任印制	栾征宇
出版发行	中国工人出版社
地　　址	北京市东城区鼓楼外大街45号　邮编：100120
网　　址	http://www.wp-china.com
电　　话	（010）62350006（总编室）　（010）62005039（出版物流部） （010）62382916（职工教育分社）
发行热线	（010）62005996　（010）82075964（传真）
经　　销	各地书店
印　　刷	天津中印联印务有限公司
开　　本	787毫米×1092毫米　1/16
印　　张	7.5
字　　数	100千字
版　　次	2015年9月第1版　2021年5月第3次印刷
定　　价	15.00元

请沿此线剪下

全国工会家政服务岗位专项能力培训
学员报名表

培训站点名称：　　　　　　　　　　　　　　　　　　　　报名序号：

姓名		性　别		民族		照片
文化程度		政治面貌		在岗年限		
身份证号				出生日期		
户籍地址				籍贯		
居住地址				是否为工会会员		
工作单位					是否有工会组织	
联系电话				E - mail		
拟参加培训课程						
个人简历	时间	单位			岗位及职务	

填表说明：

1. 报名序号由各培训单位站点统一填写，由机构代码+培训年月+学员序号组成，如01201409001。
2. 文化程度：研究生及以上、本科、大专、高中（中职）、初中及以上。
3. 政治面貌：党员、团员、民主人士、群众。
4. 户籍地址：即身份证地址。
5. 工作单位：即签约家政服务机构。

填表日期：　　　年　　月　　日

目　录

题库编制说明

本题库是按照人力资源和社会保障部教育培训中心与中国工人出版社关于高级母婴护理师岗位专项能力培训项目的考核要求进行编写，用于各地高级母婴护理师人才的选拔。

一、题库结构

题库为母婴护理师岗位概述、婴儿护理和产妇护理三部分。题型分别为判断对错题、单项选择题和问答题三种。题目中至少 90% 为教材内容提炼题，10% 为提升拓展题。

岗位概述类题目共 50 道，涵盖了岗位要求、服务要求、从业条件及发展前景等方面的内容。

婴儿护理类题目共 390 道，涵盖了婴儿基础知识、婴儿家庭护理以及先天性异常儿及早产儿知识等方面的内容。

产妇护理类题目共 328 道，涵盖了产褥期基础知识、产褥期护理以及母乳喂养等方面的内容。

二、组题方式

结合《高级母婴护理师培训教材》（修订版）（中国工人出版社，2015 年）一书组织编写而成，学员通过认真学习教材，不但可以顺利通过考试，还可以增加个人知识储备，提升服务能力水平。题库根据各章节内容，以章节为基础，分别组织编写。

在完成题目之后，可以在每章后的思考总结处记录下掌握的知识点，通过强化学习加以记忆，更好地巩固学习效果。

报考说明

1. 考试类别

高级母婴护理师

2. 考试方式

理论笔试和技能实操

3. 报名条件

（1）年龄 18 周岁以上、55 周岁以下的中国公民。

（2）热爱家政服务工作，身体健康，积极乐观，具有亲和力和奉献精神。

（3）一般要求初中以上学历，或具有一定的读写能力并具有良好的言语沟通表达能力。

（4）须 5 年及以上工作经验，或获取同类“师”岗位证书 2 年及以上，并出具相关就业证明。

（5）须提交报名表、身份证或户口簿原件及复印件、健康证原件及复印件、3 张 2 寸蓝底彩色照片。无法提供身份证及户籍证明者，可提供村（居）委会或户籍地派出所开具的相关证明。

4. 基本素养

（1）母婴护理职业道德与素养。

（2）产妇的生理特点及日常护理。

（3）产妇的心理特点与护理。

（4）营养配餐及餐食制作。

（5）新生儿（婴儿）的护理。

（6）熟悉婴儿的心理特点。

（7）婴儿相关能力的培养。

（8）婴儿关键期早教。

（9）母乳喂养和基础催乳知识。

（10）母婴护理安全和相关法律知识。

（11）母婴护理入户技能指导。

5. 颁发证书

（1）考试通过即可获得证书，证书发到学员本人手中，任何人不得扣押。

（2）该证书可作为人力资源管理部门或用人单位对持证人任用、考核、聘用和能力评价的重要依据。

（3）该证书不得涂改，无钢印及印章无效。

（4）该证书由人力资源和社会保障部教育培训中心制作，可在 http：//www. edu. mohrss. gov. cn/查询。

技能自测评分表

序号	考核内容	配分	评分标准
一	给婴儿人工喂奶	30分	1. 物品准备不充分扣4分。 2. 配奶前未洗手、造成污染扣5分。 3. 试温部位不对扣2分。 4. 配奶粉的浓度及方法不当扣10分。 5. 喂奶时没有垫上小餐巾扣2分。 6. 喂完奶没有给婴儿擦嘴角扣3分。 7. 两次喂奶间没有喂水扣5分。 8. 喂奶后频繁变动婴儿体位扣3分。
二	防止婴幼儿吐奶	30分	1. 事前没有在肩膀上垫上一块小毛巾扣2分。 2. 单手抱或随意抱起婴儿扣5分。 3. 婴儿位置过高/过低扣5分。 4. 喂完奶没有拍背扣5分。 5. 拍背手法不对扣5分。 6. 喂奶后没有置婴儿右侧卧位扣3分。
三	人工喂养时奶瓶的清洗和消毒	30分	1. 物品准备不充分扣5分。 2. 清洗方法不正确扣5分。 3. 消毒物品没有完全浸泡在水里扣10分。 4. 消毒时间不足扣10分。 5. 套奶瓶时污染奶嘴、奶盖内面、奶瓶内扣10分。
四	为新生婴儿洗澡	40分	1. 没有关门窗扣5分，物品准备不充分扣5分。 2. 没有按顺序洗扣5分。 3. 动作不够轻柔扣5分。 4. 消毒不够规范扣10分。 5. 没有盖消毒脐包扣3分。 6. 没有整理物品扣5分。 7. 耳朵/肚脐进水扣20分。 8. 操作过程未做好水温控制和婴儿保暖扣10分。

续表

序号	考核内容	配分	评分标准
五	协助产妇哺乳	30分	1. 产妇体位不舒适扣3分。 2. 喂奶前未查看婴儿尿布扣5分。 3. 未热敷按摩乳房、协助者未洗手扣5分。 4. 未做好解释、产妇未洗手扣10分。 5. 不是吸空一侧再吸另一侧扣5分。 6. 没有指导产妇让婴儿吸住乳头和乳晕扣5分。 7. 喂奶过程产妇过分暴露扣5分。 8. 母婴不安全扣5分。
六	为产妇床上擦浴	40分	1. 没有关窗、关门扣5分。 2. 物品准备不当扣5分。 3. 水温不当扣5分。 4. 操作过程中没有询问产妇有何不适扣2分。 5. 洗脸、洗身顺序乱、漏擦部位扣10分。 6. 未注意保暖扣10分。 7. 未注意产妇安全、动作粗鲁、拖拉扣5分。 8. 操作完没有整理物品扣5分。
七	为新生儿抚触	40分	1. 没有关窗、关门、不注意室温扣5分。 2. 物品准备不当扣5分。 3. 顺序不当扣10分。 4. 动作不够轻柔舒缓扣5分。 5. 未注意保暖扣10分。 6. 操作完没有整理物品扣5分。
八	为新生儿做被动操	40分	1. 没有关窗、关门、不注意室温扣5分。 2. 物品准备不当扣5分。 3. 顺序不当扣10分。 4. 手法不流畅或动作不轻缓扣10分。 5. 每个动作重复多于或少于四次扣5分。 6. 操作完没有整理物品扣5分。

续表

序号	考核内容	配分	评分标准
九	为新生儿穿衣服	40 分	1. 没有关窗、关门、不注意室温扣 5 分。 2. 物品准备不当扣 5 分。 3. 穿衣顺序不当或衣裤正反不当扣 10 分。 4. 动作不够轻柔舒缓扣 5 分。 5. 系带过松过紧，或系纽扣时衣服拉得过紧扣 5 分。 6. 未注意保暖扣 10 分。
十	为产妇捆绑腹带	40 分	1. 没有关窗、关门、不注意室温扣 2 分。 2. 物品准备不符合要求扣 3 分。 3. 操作前未提示产妇如遇不适应提出扣 2 分。 4. 产妇大腿部分与腹部的角度未接近直角扣 2 分。 5. 捆绑方法不正确扣 15 分。 6. 未注意腹带是否贴住肚皮，且未处理扣 3 分。 7. 动作不够轻柔舒缓扣 5 分。 8. 未注意保暖扣 3 分。 9. 操作中未实时询问产妇的感受扣 3 分。 10. 操作完没有整理物品扣 2 分。
十一	演示产妇保健操	30 分	1. 未注意产妇产后时间扣 3 分。 2. 场地不适宜扣 3 分。 3. 未注意室温扣 3 分。 4. 手指屈伸运动缺失或不规范扣 3 分。 5. 深呼吸动作缺失或不规范扣 3 分。 6. 转肩运动缺失或不规范扣 3 分。 7. 背、腕伸展运动缺失或不规范扣 6 分。 8. 脚部运动缺失或不规范扣 3 分。 9. 颈部运动缺失或不规范扣 3 分。
备注	考核工时 120 分钟，在规定时间内所有步骤按标准完成得满分，但动作不够熟练扣除 3 ~ 5 分。超时成绩记为零分。		

考评员签名：　年　月　日

第一章　高级母婴护理师岗位概述

一、判断对错题

(　　) 1. 高级母婴护理师不仅要掌握母婴护理知识、月子餐制作方法、心理疏导和中医养生，还要有精湛的催乳技能，为雇主做好产褥期的服务。

(　　) 2. 高级母婴护理师就是保姆，是给人家做家务看孩子的。

(　　) 3. 高级母婴护理师需要掌握产后修复的常用手法。

(　　) 4. 高级母婴护理师除了需要掌握一定的产妇和新生儿的护理理论知识外，还应对他们进行生活方面的全方位照护。

(　　) 5. 高级母婴护理师对新生儿和产褥期妇女的常见疾病没有观察照顾的责任。

(　　) 6. 高级母婴护理师有责任和义务教会产妇及其家人婴儿护理的常识，避免其下户后出现用户不习惯。

(　　) 7. 如果是在产妇家提供服务，高级母婴护理师的服务时间是按照产妇和婴儿的护理要求，提供 24 小时的专业服务。

(　　) 8. 当前，母婴护理公司众多，服务的专业化水平较高，市场已经非常规范。

(　　) 9. 专业的月子服务机构将是职业高级母婴护理师需求的主要场所。

(　　) 10. 现在市场对高级母婴护理师的需求有很多是从传统月嫂服务中派生出来的。

二、单项选择题

1. 社会主义职业道德以（　　）为核心。

A. 全心全意为人民服务　　B. 自我

C. 劳动态度　　D. 社会主义公有制

2. （　　）是社会主义精神文明建设的重要组成部分。

A. 道德教育　　B. 行为规范　　C. 行为准则　　D. 逻辑思维

3. 家政服务员要想做好本职工作首先应了解（　　）。

A. 父母　　B. 领导　　C. 兄弟姐妹　　D. 雇主

4. 高级母婴护理师服务流程不应包括（　　）。

A. 面谈签约　　B. 岗前沟通　　C. 互探隐私　　D. 入户指导

5. 下列哪项不是高级母婴护理师的服务场所（　　）。

A. 月子会所　　B. 月子中心　　C. 家庭　　D. 办公室

6. 下列哪一项说法不对（　　）。

A. 当前，母婴护理市场的收入水平较高

B. 母婴护理从业人员的服务技能和职业修养还需进一步提高

C. 市场对高级母婴护理师的需求迅速增长

D. 因为政策的原因，母婴护理行业的市场前景并不乐观

7. 下列哪一项不是高级母婴护理师的岗位职责（　　）。

A. 根据产妇情况合理安排食谱

B. 掌握医学护理技能

C. 熟练掌握婴儿游泳的相关技能

D. 熟练掌握婴儿抚触技能，并了解原理和注意事项

8. 产妇和新生儿的生活起居照顾不包括（　　）。

A. 喂养　　B. 饮食　　C. 安抚　　D. 医疗

9. 当前，母婴行业从业人员（　　）。

A. 不能提供专业化、规范化的服务

B. 服务技能和服务素质严重欠缺

C. 还需要进一步接受专业培训

D. 能够完全满足客户的服务需求，不需要再培训

10. 以下哪项不需要高级母婴护理师较全面掌握（　　）。

A. 有关中医理论知识　　B. 新生儿的发育特点

C. 产褥期护理知识　　D. 新生儿的基本知识

三、问答题

1. 高级母婴护理师的概念是什么？

2. 简述高级母婴护理师应具备的岗位能力。

3. 高级母婴护理师的服务范围有哪些？

4. 母婴护理师的服务场所一般是哪儿？

5. 简述高级母婴护理师护理时间要求。

思考总结

第二章　高级母婴护理师岗位要求

一、判断对错题

(　　) 1. 初次与客户见面时，要双手递上自己的证件并面带微笑。

(　　) 2. 58 周岁以下的无业妇女均可从事母婴护理师的工作。

(　　) 3. 高级母婴护理师与雇主之间存在的仅是雇用关系，不受法律保护或约束。

(　　) 4. 产妇和婴儿的生活起居照顾包括：换洗、清洁、饮食、喂养、安抚。

(　　) 5. 高级母婴护理师护理时，着装要整齐、戴口罩、洗手，不留长指甲。

(　　) 6. 高级母婴护理师在服务过程中应具备：服务意识、客户意识、质量意识和信誉意识。

(　　) 7. 高级母婴护理师应做到：微笑服务、规范服务、即时服务、个性化服务和满意服务。

(　　) 8. 上户服务中“四多两少”指：多听、多问、多用乐观的语调、多用非语言沟通，少用“我”字、少反对客户意见。

(　　) 9. 在客户家提供服务，进入客户卧室时不用敲门。

(　　) 10. 与客户保持良好的沟通和掌握过硬的服务技能一样重要。

二、单项选择题

1. 以下不是从事母婴护理职业要求的是（　　）。
   A. 具有大专以上文化程度
   B. 身体健康，无任何传染疾病
   C. 身份清楚，无不良记录
   D. 心地善良、相貌端正

2. 母婴护理从业人员素质要求是（　　）。
   A. 好吃懒惰，无上进心
   B. 端正职业心态，克服职业偏见
   C. 随意动用用户家物品，视用户家如自己家
   D. 干涉用户家事，热心帮忙

3. 爱岗敬业作为职业道德的重要内容，是指员工（　　）。

A. 热爱自己喜欢的岗位
B. 热爱回报高的岗位
C. 强化职业责任
D. 不应多转行

4. 市场经济条件下（　　）不违反职业道德规范中关于诚实守信的要求。
A. 通过诚实合法劳动实现利益最大化
B. 打进对手内部增强竞争优势
C. 根据服务对象决定是否遵守承诺
D. 凡有利于增大企业利益的行为就做

5. 当顾客向你提出无法满足的要求时，应采取下列哪种做法（　　）。
A. 先向顾客作出承诺，然后再想办法解决
B. 向顾客说明实际情况，尽量与顾客达成谅解
C. 向顾客说明你公司或该产品其他方面的优势
D. 说明实情，向他介绍能够满足其要求的其他公司

6. 如果有客来访，客人手中提着礼物，应（　　）上前接过。
A. 应要求　　B. 不能主动
C. 一副无所谓的表情　　D. 快步

7. 下列不符合高级母婴护理师在客户家中服务规定的是（　　）。
A. 敬岗爱业　　B. 服务专业
C. 细心护理　　D. 坐视不闻

8. 下列不符合高级母婴护理师的素质要求的是（　　）。
A. 真诚服务　　B. 诚实守信
C. 在背后讨论客户的隐私　　D. 热情待人

9. 以下哪种是不适当的仪表仪容（　　）。
A. 指甲干净整齐，不能超过指尖 0.3 厘米
B. 在室内可以不穿袜子，但必须要穿拖鞋
C. 每日早晚必须坚持刷牙
D. 打喷嚏、咳嗽等要用面巾纸捂住口部

10. 下列不符合高级母婴护理师岗前注意事项的是（　　）。
A. 上岗或操作前，不能佩戴首饰及手表，需要化淡妆
B. 手机设置成振动状态，不能边抱婴儿边接听手机
C. 不打听客户的家庭情况
D. 婴儿、产妇出现异常时，要及时告知家属及上级主管

三、问答题

1. 高级母婴护理师基本的从业条件有哪几个？

2. 高级母婴护理师应具备的职业道德是什么？

3. 简述高级母婴护理师的职业意识。

4. 高级母婴护理师的服务要求有哪些？

5. 要做到成功有效的沟通，需要做好哪几方面的工作？

思考总结

第三章 婴儿基础知识

一、判断对错题

( ) 1. 低出生体重儿是指出生体重小于2500克的新生儿。

( ) 2. 巨大儿的体重大于或等于4000克。

( ) 3. 胎龄在36周以上、不满42周降生的婴儿，属于正常情况，也称正常儿。

( ) 4. 新生儿24小时尿频在8~10次，通常表示母乳喂养充足。

( ) 5. 新生儿很少缺锌，一般不需要额外补锌。

( ) 6. 新生儿是否缺乏维生素，要根据产妇在孕期的身体状况进行判断。

( ) 7. 新生儿湿疹主要是过敏物质导致的。

( ) 8. 婴儿湿疹又称奶癣，是一种常见的婴儿过敏性皮肤病。

( ) 9. 婴儿湿疹应尽量避免涂用激素类湿疹膏。

( ) 10. 在炎热的夏季，为防止湿疹，可以将婴儿剃成光头。

( ) 11. 新生儿脂溢性皮肤炎可直接用肥皂清洗。

( ) 12. 由于血液循环系统不健全，血液容易淤积于下肢，新生儿会出现上半身发白下半身发红的现象。

( ) 13. 新生儿长马牙是正常现象，无须挑破治疗可自行消失。

( ) 14. 假性斜视是新生儿常见的生理性异常症状，无须治疗。

( ) 15. 新生儿憋气是正常的生理现象。

( ) 16. 新生儿能看到眼前50厘米的地方。

( ) 17. 正常新生儿出生时身高平均是50厘米。

( ) 18. 新生儿体重下降超过体重的10%，属于正常的生理现象。

( ) 19. 新生儿偶尔打喷嚏就是感冒了。

( ) 20. 新生儿有脱皮的现象是不正常的。

( ) 21. 吸吮反射是新生儿的正常生理反应。

( ) 22. 患脐炎的新生儿脐部护理必须严格无菌操作。

( ) 23. 新生儿打嗝就是噎到了。

( ) 24. 为新生儿拍打嗝可以无限长时间，直到打嗝后结束。

( ) 25. 新生儿由于神经系统发育不完善，受冷空气刺激就会打嗝。

( ) 26. 若非保暖不足，新生儿下巴抖动常为神经系统发育不完全导致。

（　　）27. 新生儿睡眠时四肢抖动是受到惊吓或生病了。
（　　）28. 新生儿分泌少量乳汁属于正常现象。
（　　）29. 新生儿生理性乳房肿大，不需要进行特殊处理。
（　　）30. 新生儿在安静睡眠阶段不容易被唤醒。
（　　）31. 新生儿头皮、眉毛上的黄色鳞屑堆积可以用手轻轻抠掉。
（　　）32. 新生儿会打瞌睡。
（　　）33. 有的新生儿出生时，从肩上到脊背都有一层浓浓的毛，这属于正常现象。
（　　）34. 婴儿的踏步反射在 8 周以后会自然消失，对以后练习走路有重要意义。
（　　）35. 婴儿睡觉时，脸上露出微笑或作出怪相、皱眉等表情，有时出现吸吮或咀嚼运动，是面部神经出了问题。
（　　）36. 新生儿结膜炎表现为结膜充血、流泪伴脓性分泌物。
（　　）37. 初生婴儿的视力很差，不能聚焦，过段时间后会慢慢调整。
（　　）38. 正常新生儿安静状态下的呼吸频率为每分钟 40 ~ 60 次。
（　　）39. 新生儿期是一生中睡眠最多的时期，每天要睡 16 ~ 17 个小时。
（　　）40. 婴儿的睡眠周期约为 60 分钟。
（　　）41. 正常婴儿第一年大约增长 25 厘米。
（　　）42. 若新生儿为女婴，洗臀部时应用水从前向后淋着洗，以免脏水逆进入尿道引发感染。
（　　）43. 新生儿脐带未脱落前，洗澡时可于脐部盖一干毛巾，尽量保持脐部干燥。
（　　）44. 新生儿湿疹可以用冷湿敷方法。
（　　）45. 新生儿结膜炎是出生时感染所致，不需要治疗。
（　　）46. 新生儿出生结扎后的脐带残端一般需要 3 ~ 7 天脱落，有的需要 10 余天或 20 余天才能干燥脱落。
（　　）47. 黄疸主要分为三种：生理性黄疸、病理性黄疸和母乳性黄疸。
（　　）48. 新生儿患黄疸后，首先变黄的是躯干，其次是脸，最后是手脚。
（　　）49. 病理性黄疸大约 10 ~ 14 天消退。
（　　）50. 生理性黄疸都会在一个星期内消退。
（　　）51. 如果发现新生儿的眼睛总是水汪汪的，应及时到眼科就诊。
（　　）52. 新生儿大便软，呈金黄色，糊状，每天 2 ~ 4 次。
（　　）53. 当婴儿呼吸道感染时也会出现腹泻症状。
（　　）54. 婴儿腹泻时应立即服止泻药物防脱水。
（　　）55. 人工喂养吃配方奶粉的婴儿要多喝水预防便秘。
（　　）56. 奶具在沸水中煮沸消毒的时间是 10 ~ 15 分钟。
（　　）57. 婴幼儿的玩具不用清洗消毒。

(　　) 58. 婴儿摄入鱼肝油及AD滴剂过量会中毒。

(　　) 59. 母乳挤出后可以和配方奶粉掺在一起喂养婴儿。

(　　) 60. 在没人照看的情况下，为防止婴儿哭闹，可以把奶嘴留在婴儿嘴里。

(　　) 61. 为了安抚婴儿，婴儿睡觉时可以含着乳头。

(　　) 62. 给婴儿冲调奶粉时，应将40℃~60℃定量的温开水倒入消毒过的奶瓶，再加入适当比例的奶粉。

(　　) 63. 婴儿腹泻应注意多休息、多饮水、饮食清淡、少食多餐、避免腹部受凉等。

(　　) 64. 在炎热的季节，环境温度高、婴儿有口渴表示、包被太厚、体温升高或皮肤出现疱疹时，可在两顿奶中间给婴儿喂一些水，每日2~3次即可。

(　　) 65. 婴儿每次大便后，护理员要仔细观察大便的情况。

(　　) 66. 对于未破溃的尿布疹除保持局部干燥外，可用红霉素软膏涂抹。

(　　) 67. 婴儿小便后不需要每次清洗臀部，以免破坏臀部皮肤天然的保护膜。

(　　) 68. 婴儿出现急而大声的哭闹，可能是急性腹痛。

(　　) 69. 婴儿如果在夜间哭闹均属于病态反应。

(　　) 70. 母乳本身含有一些阻碍胆红素排出的物质，母乳性黄疸表现为黄疸持续时间长、精神及生长发育良好，暂停母乳喂养症状可减轻。

(　　) 71. 如果母乳不足，1岁以内的婴儿也可以直接饮用鲜牛奶。

(　　) 72. 产妇不能母乳喂养时，可选用牛奶或者配方奶喂养婴儿，称为人工喂养。

(　　) 73. 婴儿尽量用母乳喂养是因为这样比较节省开支。

(　　) 74. 婴儿便秘可以顺时针按摩肚子。

(　　) 75. 婴儿体温调节能力差，发热几天可以不去医院。

(　　) 76. 婴儿拉肚子要补充大量的水分，以防止脱水。

(　　) 77. 人工喂养时要求两奶之间补充水分，喝水的量控制在单次喂水约为单次喂奶量的一半。

(　　) 78. 新生儿结膜炎产生的原因为产道内细菌感染或出生后接触感染。

(　　) 79. 婴儿睡眠以右侧位为好，可以预防吐奶，避免心脏受压。

(　　) 80. 最好在婴儿熟睡时为其修剪指甲。

二、单项选择题

1. 新生儿时期是指（　　）。

A. 自出生至生后42天　　B. 自出生脐带结扎至生后28天内

C. 自出生至生后28天　　D. 自出生脐带结扎至生后满1个月

2. 婴儿期的界定范围是（　　）。

A. 0~3岁　B. 0~6岁　C. 0~16岁　D. 0~18岁

3. 足月儿的胎龄是（　　）。

A. 37~42周　B. 35~37周　C. 42周　D. 28~35周

4. 新生儿在出生24小时内应接种（　　）疫苗。

A. 卡介苗　B. 百白破　C. 流脑　D. 乙肝

5. 新生儿生理性黄疸消退尽大概需要（　　）。

A. 10天　B. 15天　C. 30天　D. 2个月

6. 新生儿头皮上的皮脂痂盖处理可（　　）。

A. 洗头时轻轻剥去　B. 婴儿洗发露轻揉

C. 涂植物油　D. 清水冲洗

7. 新生儿补充维生素D应该从什么时候开始（　　）。

A. 15天　B. 30天　C. 60天　D. 90天

8. 新生儿前囟门闭合的时间为（　　）。

A. 10~14月　B. 12~18月　C. 15~20月　D. 16~24月

9. 新生儿后囟门闭合的时间是（　　）。

A. 3个月　B. 5个月　C. 18个月　D. 12个月

10. 新生儿胸围大约是（　　）厘米。

A. 30　B. 32　C. 34　D. 50

11. 新生儿体温一般是（　　）。

A. 35℃　B. 36℃~37℃　C. 38℃　D. 37℃~38℃

12. 在为新生儿测量体温前，首先要检查体温计的读数，读数应该在（　　）。

A. 36°C以上　B. 35°C以下　C. 37°C以下　D. 37.5°C以下

13. 给新生儿测体温应选在喂奶后（　　）进行，以免影响体温的准确性。

A. 半小时之内　B. 半小时之后　C. 10分钟之内　D. 20分钟之内

14. 新生儿的（　　）是衡量生长发育与营养吸收程度的重要标志。

A. 体重　B. 身高　C. 头围　D. 胸围

15. 新生儿每天睡（　　）个小时。

A. 12~14　B. 15~16　C. 18~20　D. 21~22

16. 正常新生儿安静状态下的呼吸是（　　）。

A. 20~30次　B. 40~60次　C. 80~100次　D. 100~120次

17. 正常新生儿心率是（　　）。

A. 60次左右　B. 80次左右　C. 100次左右　D. 140次左右

18. 正常新生儿巴宾斯基反射的消失时间是（　　）。

A. 1~2个月　B. 4~6个月　C. 8~10个月　D. 8~12个月

19. 健康的新生儿出生后数日内可能有乳腺肿大，一般（　　）后消退。

A. 2～5 日　B. 2～3 周　C. 1 个月左右　D. 60 天左右

20. 新生儿常有生理性体重下降现象，一般 10 天后体重增加明显，每天增长约（　　）。

A. 80～100 克　B. 30～50 克　C. 50～70 克　D. 60～80 克

21. 正常体重的新生儿体重一般在（　　）。

A. 2600～3800 克　B. 3000～4000 克　C. 2500～4000 克　D. 2600～4000 克

22. 新生儿尿量每天日总量可达（　　）毫升。

A. 60～100　B. 120～150　C. 100～200　D. 100～300

23. 新生儿（　　）的时间在睡眠。

A. 20%　B. 50%　C. 70%　D. 90%

24. 足月新生儿每日每千克体重约需要（　　）克蛋白质。

A. 2～3 克　B. 3～6 克　C. 4～7 克　D. 1～5 克

25. 新生儿目光能短暂追视距眼睛距离（　　）的物体。

A. 10 厘米　B. 20 厘米　C. 30 厘米　D. 40 厘米

26. 新生儿 24 小时内出现的黄疸属于（　　）。

A. 生理性黄疸　B. 病理性黄疸　C. 延迟性黄疸　D. 溶血性黄疸

27. 正常新生儿出现生理性黄疸的时间是（　　）。

A. 24 小时内　B. 15 天以后　C. 2～3 天　D. 30 天

28. 黄疸可以用什么药物退（　　）。

A. 茵栀黄　B. 感冒冲剂　C. 生理盐水　D. 思密达

29. 在新生儿出现生理性黄疸时首选的护理方法是（　　）。

A. 不用处理　B. 吃药　C. 喂奶　D. 给予葡萄糖水

30. 下列除哪一项外均应考虑为新生儿病理性黄疸（　　）。

A. 生后 24 小时内出现黄疸　B. 血清胆红素 >12mg/dl

C. 黄疸发生于低体重儿　D. 黄疸持续时间 >2 周

31. 新生儿在黄疸高峰期要多喂（　　）晒太阳或添加婴儿葡糖糖粉冲水喂食。

A. 奶、水　B. 米粉　C. 糖水　D. 水

32. 新生儿的（　　）功能发育不完善，导致胆红素排出受到影响。

A. 肝脏　B. 胃部　C. 肺泡　D. 肠道

33. 以下哪项属于新生儿先天性异常（　　）。

A. 唇裂、腭裂、食道闭锁与食道气管瘘、先天性肠道闭锁和肠狭窄

B. 膈疝、脐膨出、腹裂、脐疝、胆道闭锁、先天直肠肛门闭锁

C. 尿道下裂、膀胱外翻、隐睾、鞘膜积液、脊柱裂、脑积水

D. 以上皆是

34. 婴儿血管瘤最常见的一种沙门斑大多数在（　　）岁后自行消失。

A. 3 岁　　B. 5 岁　　C. 4 岁　　D. 1 岁

35. 新生儿先天性喉鸣一般（　　）可自行缓解。

A. 1 岁左右　　B. 2 岁左右　　C. 3 岁左右　　D. 4 岁左右

36. 新生儿可以在分娩过程中或出生后立即排小便，尿液（　　）。

A. 绿色透明　　B. 白色透明　　C. 微黄色透明　　D. 纯透明

37. 胎便是指新生儿出生后 24 小时内排出（　　）的大便。

A. 棕褐色或墨绿色　　B. 浅黄色或浅绿色

C. 深红色或浅绿色　　D. 深红色或深褐色

38. 新生儿一般在出生后多久开始排便（　　）。

A. 3 个小时　　B. 6 个小时　　C. 10 个小时　　D. 12 个小时

39. 新生儿红臀可以用（　　）涂抹。

A. 护臀霜　　B. 爽身粉　　C. 肤乐霜　　D. 酒精

40. 新生儿湿疹可以用（　　）涂抹。

A. 红霉素软膏　　B. 糅酸软膏　　C. 酒精　　D. 肤乐霜

41. 新生儿听到强的噪声易受惊吓、呼吸频率改变、哭闹，并（　　）。

A. 转向与发声源相反的方向　　B. 转向与发声源相同的方向

C. 转向发生源周围的方向　　D. 捂住耳朵

42. 新生儿出生后即可开奶是因为出生时已具有（　　）。

A. 膝跳反射　　B. 巴宾斯基的反射

C. 吸吮和吞咽反射　　D. 摩罗反射

43. 以下哪一项不是新生儿特有的生理反射（　　）。

A. 拥抱反射　　B. 吸吮反射　　C. 巴宾斯基反射　　D. 膝跳反射

44. 新生儿出生后就存在的正常反射不包括（　　）。

A. 觅食反射　　B. 条件反射　　C. 吸吮反射　　D. 拥抱反射

45. 巨大的声响或头部位置的突然变化导致婴儿向外甩胳膊，背呈弓形，随即两胳膊并拢的反射称为（　　）。

A. 放置反射　　B. 巴宾斯基反射　　C. 拥抱反射　　D. 摩罗反射

46. 新生婴儿眼睛出现分泌物，对此应采取的正确做法是（　　）。

A. 属于正常现象，不要擦拭，避免伤害婴儿眼睛

B. 属于正常现象，用质地轻柔并且干净的纸巾轻轻擦拭

C. 属于不正常现象，用质地轻柔并且干净的纸巾轻轻擦拭掉后再观察一段时间

D. 属于不正常现象，可能患有感染，叫作黏性眼，应该找医生治疗，切不可自行处理

47. 婴儿的一种常见病（　　）多在六个月左右发生。

A. 水痘　　B. 麻疹　　C. 湿疹　　D. 百白破

48. 新生儿的头大，几乎与肩相等，因此，睡觉时不需要（　　）。

A. 平卧　　B. 用枕头

C. 侧卧　　D. 俯卧

49. 婴儿在下列哪种情况下会影响睡眠质量（　　）。

A. 高兴的时候　　B. 过度兴奋　　C. 情绪平稳　　D. 洗澡后

50. 婴儿口腔黏膜出现不易搓掉的白色小点要考虑（　　）。

A. 鹅口疮　　B. 奶块　　C. 溃疡　　D. 缺维生素

51. 引起鹅口疮的细菌是（　　）。

A. 白色念珠菌　　B. 金黄色葡萄球菌

C. 大肠杆菌　　D. 螺旋杆菌

52. 婴儿鹅口疮用什么药物治疗（　　）。

A. 碘伏　　B. 酒精

C. 鱼肝油和制霉菌素片　　D. 生理盐水

53. 预防红臀发生的最主要方法是（　　）。

A. 多扑粉　　B. 臀部涂护臀膏

C. 保持臀部清洁干燥　　D. 勤洗屁股

54. 女婴每天清洗外阴的正确方法是（　　）。

A. 用肥皂液冲洗　　B. 从前往后冲洗

C. 洗完脚再洗外阴　　D. 下身前后一起洗

55. 以下不属于新生儿湿疹诱发原因的是（　　）。

A. 过敏性体质　　B. 外界环境诱发　　C. 其他婴儿传染　　D. 饮食不当

56. 湿疹可引发其他过敏性疾病有（　　）。

A. 哮喘　　B. 胃肠疾病　　C. 感冒　　D. 皮肤病

57. 以下哪些属于新生儿常见病（　　）。

A. 湿疹、鹅口疮、新生儿肺炎、脐炎

B. 结膜炎、类脑炎、糖尿病、肺炎

C. 脂溢性皮炎、血管瘤、肺结核、鹅口疮

D. 呼吸道感染、哮喘、湿疹、结膜炎

58. 以下不是新生儿常见病的是（　　）。

A. 肺炎　　B. 腹泻　　C. 先天性心脏病　　D. 脐炎

59. 给新生儿选择衣服的质地应该是（　　）。

A. 化纤衣服　　B. 全棉衣料　　C. 真丝衣料　　D. 羊毛衣料

60. 什么时间需要给婴儿进行眼部护理（　　）。

A. 吃完奶后　　B. 洗完澡后　　C. 抚触完后　　D. 被动操后

61. 当婴儿眼里有异物时，不可用（　　）方法。

A. 指导婴儿先闭眼睛　　B. 手绢轻轻擦

C. 手擦　　D. 棉签轻轻擦

62. 轻度肺炎患儿出现呼吸困难时，进食时应（　　）。

A. 多量多餐　　B. 多量少餐　　C. 少量多餐　　D. 少量少餐

63. 新生儿在脐带脱落后每天也应为其消毒（　　）次。

A. 1 次　　B. 2 次　　C. 3 次　　D. 1 ~ 2 次

64. 哮喘患儿的家庭应注意不养小动物，忌绒毛玩具、地毯、草席等，因这些物品可能引起（　　）。

A. 空气污染　　B. 肝炎　　C. 过敏　　D. 窒息

65. 脐炎不治疗，严重者可引起（　　），危及生命。

A. 败血症　　B. 发热　　C. 腹痛　　D. 不吃

66. 因为（　　），所以婴儿易受凉和中暑。

A. 婴儿的表皮过薄　　B. 婴儿皮肤的散热和保温能力差

C. 婴儿皮肤新陈代谢快　　D. 婴儿皮肤渗透作用强

67. 新生儿获取营养的方式不包括（　　）。

A. 母乳喂养　　B. 辅食添加　　C. 人工喂养　　D. 混合喂养

68. 新生儿缺钙的表现不包括（　　）。

A. 佝偻病　　B. 方颅　　C. 鸡胸　　D. 桶状胸

69. 新生儿补充鱼肝油的主要目的是（　　）。

A. 减轻黄疸　　B. 促进食欲　　C. 预防佝偻病　　D. 预防吐奶

70. 母乳中铁的含量不高，一般足月儿铁的储存量，仅供（　　）个月使用。

A. 3 ~ 4　　B. 4 ~ 6　　C. 6 ~ 8　　D. 8 ~ 10

71. 人工喂养的新生儿在什么时候需要补充喝水（　　）。

A. 喂奶前　　B. 喂奶后　　C. 两次喂奶之间　　D. 随时

72. 新生儿的喂养方式不包括（　　）。

A. 母乳喂养　　B. 奶粉喂养　　C. 混合喂养　　D. 羊奶喂养

73. 母乳喂养的优点中对母子都有益的是（　　）。

A. 有利母子感情建立　　B. 有助于产妇避孕

C. 有利产妇子宫收缩　　D. 提高婴儿抗病能力

74. 母乳喂养的原则是（　　）。

A. 早开奶早吸吮　　B. 初乳没有营养，不需要给婴儿吃

C. 最好的喂养方式为混合喂养　　D. 开奶的最佳时间为生产后24小时

75. 新生儿每两次哺乳间隔时间应为（　　）。

A. 1～1.5小时　　B. 2～3小时　　C. 1.5～2.5小时　　D. 2～4小时

76. 喂奶时，母婴护理师应指导产妇先用奶嘴轻触新生儿嘴唇，刺激新生儿（　　）。

A. 觅食反射　　B. 吸吮反射　　C. 条件反射　　D. 拥抱反射

77. 新生儿食量因生长阶段不同而渐渐增加，1～2周一般每次吃奶（　　）毫升。

A. 10～20　　B. 20～30　　C. 30～60　　D. 60～90

78. 适宜婴儿食用的奶类有（　　）。

A. 原奶、母乳　　B. 母乳、配方奶

C. 配方奶、炼乳　　D. 初乳、原奶

79. 新生儿漾奶与下列哪项无关（　　）。

A. 进食过多　　B. 进食过急　　C. 哭闹时进食　　D. 奶孔太小

80. 给婴幼儿调配奶粉前，母婴护理师应该首先（　　）。

A. 洗净双手　　B. 洗净衣服　　C. 洗净头发　　D. 洗净面部

81. 人工喂养的婴儿易发生便秘，主要原因是（　　）。

A. 食物过杂　　B. 饮水过少

C. 食物温度偏高　　D. 食物中蛋白质含量过低

82. 牛奶喂养婴儿的大便呈（　　）。

A. 淡黄色较干　　B. 蛋花汤样　　C. 绿色便　　D. 泡沫多

83. 冲调奶粉的水温度应为（　　）。

A. 38℃　　B. 40℃～60℃　　C. 50℃　　D. 42℃

84. 下列（　　）情况会引起婴儿呛奶。

A. 喂奶速度过快、空气进气过多　　B. 给婴儿食物过量

C. 喂养次数过稀　　D. 喂食不宜消化的食物

85. 人工喂养的新生儿每天的喂奶总量可按照（　　）体重大致计算。

A. 150～200毫升/千克　　B. 300～500毫升/千克

C. 100～150毫升/千克　　D. 500毫升/千克

86. 奶具在沸水中煮沸消毒的时间正确的是（　　）。

A. 3分钟　　B. 5分钟　　C. 8分钟　　D. 10～15分钟

87. 婴儿的四具消毒，直接影响婴儿的（　　）。

A. 食欲　　B. 动作技能　　C. 社会交往　　D. 健康成长

88. 1～3个月的婴儿常见的窒息原因有（　　）。

A. 乳母乳房压住婴儿口鼻　　B. 睡眠时吮手

C. 吃坚果　　D. 吸果冻

89. 下列疫苗中，婴儿预防接种最早的是（　　）。

A. 脊髓灰质炎糖丸　　B. 卡介苗

C. 百白破　　D. 麻疹疫苗

90. 如早期训练新生儿视觉能力，给新生儿悬吊响铃玩具，高度要掌握在（　　）厘米左右。

A. 20　　B. 45　　C. 10　　D. 5

三、问答题

1. 早产儿、足月新生儿、足月低体重儿、巨大儿有什么区别?

2. 判定母乳是否充足的标准有哪些?

3. 婴儿湿疹的常见类型及症状是什么?

4. 婴儿湿疹的预防措施是什么?

5. 引起婴儿消化不良的原因通常有哪些？

6. 简述消化不良婴儿的护理方法。

7. 简述婴儿腹泻的护理方法。

8. 简述婴儿生理性黄疸的表现。

9. 简述婴儿脐炎的预防和护理方法。

10. 简述新生儿尿布疹的护理方法。

11. 简述婴儿鹅口疮的预防和护理方法。

12. 简述人工喂养的注意事项（需至少回答出 5 条）。

13. 人工喂养的步骤是什么？

14 . 简述奶瓶器具的常见消毒方法。

15. 满月婴儿的感觉发育有什么特点？

思考总结

第四章　健康婴儿的家庭护理

一、判断对错题

(　　) 1. 新生儿常见护理问题是：发热、咳嗽、腹泻、呕吐、漾奶。
(　　) 2. 出院前，新生儿听力筛查是必做项目。
(　　) 3. 新生儿的胃和成人有所不同，是横着长的。
(　　) 4. 新生儿耳鼓室内充满液体，所以听力比较弱。
(　　) 5. 新生儿、婴儿的体温一般不容易受到外界因素影响。
(　　) 6. 新生儿能够很好地调节体温，因此不需要用衣服、被子等调节。
(　　) 7. 婴儿出生后要挤捏乳头以免以后发育不良。
(　　) 8. 新生儿脐带没有脱落也可直接放在浴盆里洗澡。
(　　) 9. 给新生儿洗澡要用温和刺激性小的沐浴产品。
(　　) 10. 新生儿脐带未脱落前，洗完澡后，不用消毒脐部。
(　　) 11. 新生儿脐带脱落后，即使创面新鲜也不用再做护理。
(　　) 12. 脐带脱落前应每天用 75% 的酒精消毒一遍脐部，洗澡时避免脐部与水接触。
(　　) 13. 新生儿脐带未脱落前洗澡时可于脐部盖一干毛巾，尽量保持脐部干燥。
(　　) 14. 脐带未脱落前要保持脐部的清洁与干燥。
(　　) 15. 婴儿脐炎是常见现象，可以不用就医。
(　　) 16. 新生儿在脐带脱落前不可以做抚触。
(　　) 17. 给婴儿抚触、做被动操、洗澡前，可以不用告诉他。
(　　) 18. 新生儿游泳可以提高婴儿的免疫力、增加肠蠕动。
(　　) 19. 新生儿游泳需做到一人一水一膜专人看护。
(　　) 20. 婴儿游泳不仅是皮肤与水的接触，而且是视觉、听觉、触觉、动觉等综合信息的传递过程。
(　　) 21. 游泳能有效促进婴儿大脑和神经系统的发育，激发婴儿潜能，为提高智商情商打下良好基础。
(　　) 22. 游泳运动量大，婴儿体力消耗大，营养摄入增加，体重增加优于同龄婴儿。
(　　) 23. 婴儿游泳对其身体发育有好处，一次可游 40 分钟以上。

(　　) 24. 新生儿3个月内不需要枕头。
(　　) 25. 婴儿洗澡室温要求24℃～26℃，洗澡前关好门窗，避免对流风。
(　　) 26. 给新生儿洗澡时要先放冷水再加热水，水温适宜后再开始洗。
(　　) 27. 给新生儿洗澡时，应把新生儿先放入盆中再放水。
(　　) 28. 婴儿洗澡的水温在34℃～36℃即可。
(　　) 29. 洗澡可以清洁皮肤，预防皮肤感染，促进血液循环和新陈代谢。
(　　) 30. 婴儿在洗完澡后，用棉签在耳道口轻轻地抹抹即可，不可太进里面。
(　　) 31. 婴儿的“三浴”包括：日光浴、空气浴和水浴。
(　　) 32. 小儿体操共分16节，8节为被动运动操，8节为主动运动操。
(　　) 33. 婴儿穿多了可能会引起暂时性的轻微发烧。
(　　) 34. 婴儿的生长速度在睡眠状态下是平时的5倍。
(　　) 35. 婴儿的活动多样，其中最基本的活动是睡眠。
(　　) 36. 新生儿抚触前要先喂饱。
(　　) 37. 抚触过的孩子体重和胸围增长快，睡眠状况好，反应更灵活。
(　　) 38. 对婴儿轻柔的爱抚，不仅仅是皮肤间的接触，更是一种爱的传递。
(　　) 39. 给婴儿做抚触时，若其哭闹，应停止操作。
(　　) 40. 刚开始给婴儿捏脊时，他可能会因不适应而哭闹，这时就不应继续了。
(　　) 41. 抚触和按摩在操作上没有区别。
(　　) 42. 婴儿日光浴只要阳光充足就好，气温无所谓。
(　　) 43. 在为婴儿进行室外日光浴时，不用采取防护措施。
(　　) 44. 婴儿日光浴时应在空腹或刚进食完后进行。
(　　) 45. 婴儿基础代谢率高，体温38℃也不算发热。
(　　) 46. 当婴儿患上肺炎时，家居环境要保持清洁舒适，不宜过于干燥或潮湿。
(　　) 47. 婴儿呕吐剧烈时，不要抱起，应该让他平躺休息。
(　　) 48. 婴儿发生烧烫伤时，当衣物和皮肤粘在一起时，应将未粘着的衣物剪去，粘着的衣物也应该及时清除。
(　　) 49. 给婴儿喂药时，可以将药物放入奶中一起喂下。
(　　) 50. 退热药分口服及塞肛两种，塞剂更适合婴儿使用。
(　　) 51. 包裹尿布时，不要盖住婴儿脐部。
(　　) 52. 一次性纸尿片吸水性强，不必勤换。
(　　) 53. 大毯子适合对婴儿进行快速包裹。
(　　) 54. 10个月大的婴儿不可以吃整鸡蛋。
(　　) 55. 婴儿应该在4～10月开始出牙。
(　　) 56. 婴儿开始添加辅食的时间为4～6月。

(　　) 57. 添加辅食应从少量开始逐渐加量。

(　　) 58. 辅助食物的添加，有利于婴儿的食物逐渐从流质状向固体食物过渡。

(　　) 59. 婴儿辅食添加要遵循由一种到多种、由少到多、由稀到稠、由素到荤的原则。

(　　) 60. 婴儿大便坚硬应给其多吃蜂蜜。

(　　) 61. 婴儿喜欢吃的食物可多吃，不喜欢吃的可少吃或不吃。

(　　) 62. 婴儿睡觉时不可含着乳头睡觉，以预防乳头皲裂。

(　　) 63. 婴儿哭闹时，要立刻喂奶，以防发生低血糖。

(　　) 64. 膳食纤维能促进肠蠕动，帮助婴儿排便。

(　　) 65. 婴儿各年龄阶段体重增长的速率是不同的。

(　　) 66. 6 个月的婴儿会翻身并且会伸手拿东西。

(　　) 67. 母乳喂养婴儿的正常大便中有时也有奶块。

(　　) 68. 女婴尿布应在臀下垫厚。

(　　) 69. 每次婴儿大便后，护理员要仔细观察大便的情况。

(　　) 70. 婴儿臀部有粪便时，应用温水洗净，女孩要从前往后洗，避免粪便污染外阴部。

(　　) 71. 在为婴儿洗尿布时，直接把大便的与小便的尿布放在一起洗就可以。

(　　) 72. 尿布消过毒不需要再晒太阳。

(　　) 73. 爽身粉如果太厚，粉质就会和汗液混合而结成块儿，反倒对婴儿的薄嫩皮肤有刺激。

(　　) 74. 体弱多病的婴儿可以经常去公共场合。

(　　) 75. 婴儿入睡后大汗淋漓、睡眠不安、出牙晚、囟门闭合迟等症状可能是患上了佝偻病。

(　　) 76. 乳头发生皲裂不可以哺乳，否则会加重乳头皲裂。

(　　) 77. 婴儿睡眠以右侧位为好，可以预防吐奶，还能避免心脏受压。

(　　) 78. 新生儿喜欢黑暗的地方，这样有利于大脑视觉的发育。

(　　) 79. 正确的哺乳姿势为胸贴胸、腹贴腹、下颌贴乳房。

(　　) 80. 婴儿发生消化不良时，应由单一喂养改为混合喂养。

二、单项选择题

1. 新生儿中枢神经发育不健全，室温需控制在(　　)。

A. 18℃ ~22℃　　B. 22℃ ~24℃　　C. 24℃ ~26℃　　D. 26℃ ~28℃

2. 新生儿居住的室内环境湿度要求保持在（　　）。

A. 35% ~45%　　B. 45% ~55%　　C. 55% ~65%　　D. 65% ~75%

3. 新生儿洗澡的水温应保持在（　　）。

A. 35℃～37℃　B. 37℃～40℃　C. 40℃～42℃　D. 38℃～40℃

4. 新生儿出生后约（　　）小时内排尿，极个别于24小时后排尿。

A. 2小时　B. 4小时　C. 6小时　D. 8小时

5. 正常婴儿腋下体温为（　　）。

A. 35℃～36℃　B. 32℃～36℃　C. 36℃～37℃　D. 37℃～38℃

6. 如果新生儿的体温超过39℃，可用温毛巾擦（　　），以促使皮肤散热。

A. 前额、前胸、后背　B. 前额、颈部、手心脚心

C. 前额、手背、前胸　D. 前额、颈部、腋下、四肢及大腿根部

7. 新生儿体重减轻，减轻的量可能多达出生时体重的（　　）。

A. 15%　B. 5%　C. 20%　D. 10%

8. 新生儿正确的抱法有（　　）。

A. 托举法　B. 腕抱法　C. 环抱法　D. 单抱法

9. 婴儿搂抱方法中哪项不正确（　　）。

A. 可以摇晃，婴儿会喜欢

B. 大于3个月的婴儿，可以竖直抱

C. 身体呈一条直线

D. 放下婴儿前必须先牢牢支撑婴儿脖子和臀部

10. 新生儿的正确哄睡方法是（　　）。

A. 右侧卧，播放轻柔的音乐　B. 左侧卧，朝着背光的方向睡

C. 仰面，边哼儿歌边轻拍　D. 趴卧，产妇在身边陪睡

11. 以下对婴儿睡眠护理方法错误的是（　　）。

A. 出生后24小时内，可采用右侧卧位

B. 喂奶后先取右侧卧1小时

C. 一般4小时左右给新生儿调换一次卧姿

D. 采用俯卧姿有助于肠道内气体的排除，不易引起腹痛

12. 哄睡婴儿正确的做法是（　　）。

A. 轻轻摇睡

B. 产妇陪睡，增进感情

C. 轻拍婴儿，给予安抚

D. 入睡后为避免影响睡眠，不能再触碰婴儿

13. 给婴儿肚脐消毒每次至少用（　　）根棉签。

A. 2　B. 3　C. 4　D. 5

14. 以下哪种物品不适合新生儿（　　）。

A. 黑白脸谱　B. 哗铃棒　C. 彩色气球　D. 钢琴健身器

15. 不属于或不完全属于新生儿非疾病异常状况的是（　）。

A. 打喷嚏、打嗝、皮肤变化频繁、肢体卷曲、马牙颗粒状

B. 憋气或鼓劲、脱皮、体温波动、生理性黄疸、湿疹

C. 体重减轻、头总是向一边歪、惊跳或四肢抖动、漾奶

D. 女婴阴道出血、下巴抖动、呼吸不规律、眼睛斜视

16.（　）等多种病是婴儿的常见疾病。

A. 佝偻病、侏儒病、小儿麻痹、呕吐、腮腺炎

B. 侏儒病、心血管病、糖尿病、风湿

C. 佝偻病、单纯性肥胖症、水痘、湿疹、白血病

D. 小儿麻痹、水痘、湿疹、呕吐、腮腺炎

17. 由于呼吸运动主要是靠横膈肌肉的升降完成，所以新生儿以（　）为主。

A. 胸式呼吸　B. 肺部呼吸　C. 腹式呼吸　D. 以上都不是

18. 以下哪项是新生儿口腔清洁卫生的重要措施（　）。

A. 洗脸和梳头　B. 洗脸和洗澡

C. 漱口和刷牙　D. 每次进餐后喂少量温开水

19. 做婴儿操的时间应在（　）。

A. 喂奶前　B. 喂奶后　C. 空腹时　D. 临睡前

20. 当肠道感染时，新生儿大便呈（　）黏液状，且脓性腥臭。

A. 溏薄水样　B. 绿色水样　C. 溏薄黄色　D. 水样黑色

21. 新生儿一旦腹泻，应注意观察（　）等情况。

A. 大便的次数、形状、颜色、有无脓血黏液

B. 精神、面色、皮肤、哭闹

C. 尿量、腹胀、呕吐

D. 以上三项全部需要

22. 对于预防新生儿窒息的措施，下列说法正确的是（　）。

A. 避免新生儿单独趴睡　B. 新生儿口鼻周围避免有软性物品

C. 远离吸烟环境　D. 以上说法全对

23. 新生儿睡眠日夜颠倒是正常的，高级母婴护理师应当（　）。

A. 不予理睬　B. 顺其自然

C. 帮他慢慢纠正　D. 夜间哭时可抱抱

24. 婴儿房保持空气新鲜，最好选择（　）。

A. 装排风设备　B. 点卫生香　C. 开窗通风　D. 开中央空调

25. 疫苗接种后要注意婴儿注射部位的清洁卫生，暂时不要（　），以防局部感染。

A. 吃饭　　B. 运动　　C. 喝水　　D. 洗澡

26. 婴儿期营养性贫血是由于辅食添加不及时，尤其是含（　　）食物未及时补充。

A. 钙　　B. 锌　　C. 铁　　D. 维生素 D

27. 漾奶与呕吐的区别是（　　）。

A. 漾奶是进食长时间后有少量奶漾出，呕吐是进食后有大量的食物吐出

B. 漾奶是喂奶后时间不长有少量奶漾出，呕吐是进食后有奶或食物从口中流出

C. 漾奶和呕吐的区别只是以婴儿口中漾出物的多少来判断

D. 漾奶是喂奶后不长时间内有少量的奶漾出，呕吐是进食后有大量的食物吐出

28. 防止婴儿漾奶可采取下列哪种方法（　　）。

A. 喂奶后将婴儿横抱数分钟

B. 喂奶后将婴儿轻放在床上，让其尽快入睡

C. 喂奶后将婴儿竖立抱起，轻拍背部即可

D. 喂奶后将婴儿竖立抱起或让其向右侧趴着，轻拍其背部，帮助排出咽下的空气

29. 新生儿漾奶的原因是（　　）。

A. 右侧卧位睡姿　　B. 幽门括约肌发育不良

C. 贲门括约肌发育不良　　D. 贲门括约肌发育良好

30. 喂奶后拍背防止婴儿吐奶，错误的是（　　）。

A. 拍背心部位　　B. 一般要拍 100 次左右

C. 空心掌稍用力拍　　D. 手指轻弹背部

31. 喂完奶后为预防漾奶，通常会竖抱婴儿拍背（　　）分钟。

A. 0 ~ 5　　B. 5 ~ 10　　C. 15 ~ 20 岁　　D. 20 ~ 30

32. 给婴儿测量体温时，一般测量（　　）。

A. 腋温　　B. 口温　　C. 体温　　D. 肛温

33. 以下婴儿护肤方法错误的是（　　）。

A. 选择婴儿专用的洗护用品

B. 应该经常更换品牌，寻找最适合的护肤产品

C. 千万注意使用剂量

D. 和婴儿经常接触的成人，最好使用同样的婴儿润肤品

34. 婴儿发生便秘情况后正确的处理方式为（　　）。

A. 适当地按摩左下腹部，轻轻地由上而下按摩，并适当地按摩肛门口

B. 适当地按摩左下腹部，轻轻地由左而右按摩，并适当地按摩肛门口

C. 适当地按摩腹部，并轻轻使用温水给婴儿灌肠

D. 适当地按摩腹部，使用小剂量的药物促进排便

35. 婴儿洗澡的时间应该选择在（　　）。

A. 喂奶前或喂奶后1小时　　B. 喂奶后半小时
C. 喂奶前半小时　　D. 喂奶时

36. 给婴儿洗澡时，要先放（　　），且不能让婴儿独自待在浴室里。
A. 凉水　　B. 热水　　C. 婴儿　　D. 温水

37. 在给新生儿洗澡时，整个洗澡时间应控制在（　　）钟内完成。
A. 10　　B. 20　　C. 30　　D. 40

38. 新生儿沐浴的环境内应清洁无风，室温宜在（　　）。
A. 24℃～26℃　　B. 32℃～34℃　　C. 30℃～32℃　　D. 18℃～24℃

39. 给婴儿洗澡时可用（　　）试水温。
A. 手掌部　　B. 手背部　　C. 手腕或肘部　　D. 手指

40. 给婴儿洗澡时，错误的做法是（　　）。
A. 先放凉水，再放热水　　B. 用浴巾裹住婴儿的头部
C. 洗澡过程在10分钟内完成　　D. 可用75%的酒精棉签清洁脐孔

41. 婴儿抚触时的室温应为（　　）。
A. 22℃　　B. 24℃　　C. 26℃　　D. 28℃

42. 给婴儿做抚触的时间一般应控制在（　　）。
A. 5分钟　　B. 10分钟　　C. 20分钟　　D. 30分钟

43. 给新生儿抚触不宜选在（　　）。
A. 洗完澡后　　B. 睡前
C. 饭后一小时　　D. 饭后半小时之内

44. 给婴儿抚触的正确顺序是（　　）。
A. 头部－胸部－腹部－上肢－下肢－背部－臀部
B. 胸部－头部－腹部－上肢－下肢－背部－臀部
C. 上肢－下肢－背部－臀部－头部－胸部－腹部
D. 腹部－头部－胸部－上肢－下肢－背部－臀部

45. 新生儿游泳，水深应大于（　　）厘米。
A. 60　　B. 50　　C. 40　　D. 30

46. 为婴儿选择什么样的衣物最为合适（　　）。
A. 宽松柔软，款式新颖特别
B. 颜色以鲜艳为主
C. 吸水性好，颜色以白色等淡色系为主
D. 以棉布材质为好，样式新颖

47. 以下哪项是婴儿必备的物品（　　）。
A. 奶瓶、衣服、婴儿车、纸尿裤

B. 消毒锅、婴儿洗衣机、奶粉、婴儿床
C. 澡盆、透明皂、纸尿裤、恒温调奶器
D. 消毒锅、吸奶器、恒温调奶器、食物调理机

48. 婴儿最好睡（　　）。
A. 软床　　B. 水床　　C. 棕床　　D. 席梦思床

49. 婴儿骨骼易弯曲、变形的原因是（　　）。
A. 脊柱的生理弯曲　　B. 骨骼数量少于成人
C. 骨骼含骨胶原蛋白等有机物多　　D. 骨骼含骨胶原蛋白等有机物为零

50. 如果配方奶中含铁量较多，婴儿的大便会偏（　　）。
A. 黑色　　B. 红色　　C. 褐绿色　　D. 淡黄色

51. 奶类制品含量最高的营养物质是（　　）。
A. 钙　　B. 脂肪　　C. 铁　　D. 锌

52. 喂养时不宜出现的情况是（　　）。
A. 奶嘴孔眼适当　　B. 喂奶时奶嘴充满奶液
C. 喂奶前不能哭闹　　D. 喂奶次数过多、奶量过多

53. 以下婴儿的膳食搭配不正确的一项是（　　）。
A. 荤素搭配　　B. 干稀搭配
C. 动物性食物与植物性食物搭配　　D. 凉热搭配

54. 护理高热儿，首选应给予（　　）降温，同时送医院诊治。
A. 药物　　B. 开水　　C. 物理　　D. 冷水

55. 女婴阴道出血受母体（　　）的影响。
A. 雌激素　　B. 孕激素　　C. 催乳素　　D. 缩宫素

56. 由于新生儿的（　　）尚未发育成熟，味觉不敏感，喂药一般比较容易。
A. 觅食反射　　B. 会厌软骨　　C. 味蕾　　D. 味觉反射

57. 高级母婴护理师给患儿喂药时，应将婴儿头部（　　）。
A. 后仰　　B. 抬高　　C. 低下　　D. 平躺

58. 给婴儿喂奶前，重要的一点是先给婴儿（　　）。
A. 换尿布　　B. 洗脸　　C. 洗澡　　D. 放音乐

59. 给婴幼儿喂奶前，必须检查、确定奶的（　　）与流速是否合适。
A. 成分　　B. 颜色　　C. 钙含量　　D. 温度

60. 婴儿二便后清洁不正确的是（　　）。
A. 便盆的大小符合婴儿　　B. 用温水洗屁屁
C. 便盆要消毒　　D. 小女孩从后往前洗

61. 通过（　　）可辨别婴儿情绪变化。

A. 婴儿认知能力　　B. 情绪信息和生理信息
C. 婴儿的目光　　D. 婴儿的面部表情

62. 成人用（　　）方法避免婴儿发生意外伤害。
A. 预防　　B. 看护　　C. 教育　　D. 干预

63. 如果母乳喂养儿大便出现奶瓣，可建议乳母不要过食（　　）。
A. 牛奶　　B. 水果　　C. 猪脚汤　　D. 蔬菜

64. 如果婴儿的粪便呈水便分离且次数多，原因可能是（　　）。
A. 乳母摄入糖分过多　　B. 婴儿吃不饱
C. 母乳中蛋白质过多　　D. 母乳中脂肪过多

65. 如果婴儿的粪便色绿量少且次数多，原因可能是（　　）。
A. 乳母摄入糖分过多　　B. 婴儿吃不饱
C. 母乳中蛋白质过多　　D. 母乳中脂肪过多

66. 如果婴儿的粪便有硬块，且臭味特别重，原因可能是（　　）。
A. 乳母摄入糖分过多　　B. 婴儿吃不饱
C. 母乳中蛋白质过多　　D. 母乳中脂肪过多

67. 如果婴儿拉肚子时，应当首选下列哪项护理方法（　　）。
A. 吃止泻药　　B. 用手逆时针地按摩腹部
C. 用手顺时针地按摩腹部　　D. 不用处理

68. 婴儿重度烫伤时，要小心去除衣物，用冷水浸泡的被单敷在烫伤处，立即（　　）。
A. 送医院急救治疗　　B. 涂抹药膏
C. 把婴儿身体放平让婴儿睡觉　　D. 倒立拍背

69. 对尿布清洗消毒的方法下列哪项比较正确（　　）。
A. 大小便分开洗，太阳暴晒　　B. 直接用洗衣机洗即可
C. 放在一块洗，洗后直接晒　　D. 清水洗，不用肥皂

70. 让新生儿多握成人的手指或自制小棉条、小玩具等，是对其（　　）的训练。
A. 精细动作　　B. 大动作
C. 感知能力　　D. 适应能力

71. 婴儿大动作发育的顺序是（　　）。
A. 抬头、坐、立、行、跳、跑等
B. 抬头、立、坐、行、跑、跳等
C. 抬头、行、立、坐、跳、跑等
D. 抬头、坐、立、行、跑、跳等

72. 婴儿的人际交往关系是按照（　　）的顺序发展起来的。
A. 亲子关系——玩伴关系——群体关系

B. 亲子关系——群体关系——玩伴关系

C. 玩伴关系——陌生群体关系——亲子关系

D. 玩伴关系——亲子关系——群体关系

73. 下面哪些因素会导致婴儿发生意外（　　）。

A. 环境污染

B. 婴儿没有进行认知学习

C. 饭前没有洗手

D. 婴儿疲劳、生病或者饥饿，婴儿特别好动，使用的设备不符合安全要求

74. 婴儿大动作发展与心理发展水平的关系是（　　）。

A. 动作发展水平越高，心理发展水平越低

B. 1 岁之前的婴儿动作发展越快，心理发展越好，1 岁后则相反

C. 动作发展是测定婴儿心理发展水平的一项重要指标

D. 动作发展对心理发展起决定性作用

75. 一般情况下，12 个月的婴儿会（　　）。

A. 搭积木　　B. 背诵唐诗

C. 说单音节动词　　D. 自己穿衣服、鞋子

76. 下列哪项是亲子游戏的正确做法（　　）。

A. 以父母的价值取向来衡量婴儿的游戏

B. 给婴儿提供天然材质的玩具

C. 游戏习惯无关紧要

D. 不应让婴儿独自游戏

77. 3 个月的婴儿开始对颜色产生了分辨能力，对（　　）色最为敏感。

A. 黄　　B. 蓝　　C. 黑　　D. 绿

78.（　　）个月大的孩子不但会叫爸爸、妈妈、奶奶、爷爷等，还会使用一些单音节动词，如拿、给、打、抱等。

A. 10　　B. 12　　C. 15　　D. 18

79. 因为（　　），所以婴儿易兴奋易疲劳。

A. 婴儿的神经细胞缺乏髓鞘

B. 大脑皮层发育不完善，抑制过程形成较慢

C. 小脑发育晚

D. 植物神经发育晚

80. 4 ~6 个月的人工喂养儿每天泥状食品一般吃（　　）。

A. 1 次　　B. 2 次　　C. 3 次　　D. 4 次

三、问答题

1. 新生儿通常有哪两种抱法？

2. 简述婴儿的穿衣方法。

3. 简述婴儿的常见睡眠姿势及各自特点。

4. 新生儿大便分几种状况（请至少列举三种）？

5. 简述尿布的选择和使用注意事项。

6. 给婴儿更换纸尿裤的方法和步骤是什么？

7. 为婴儿护理脐带时有哪些注意事项？

8. 黄疸的家庭护理方法是什么？

9. 简述新生儿哭闹的常见原因和处理方法（应至少举出 5 点）。

10. 简述婴儿的口腔护理方法。

11. 新生儿窒息的预防措施及处理方法是什么？

12. 简述为婴儿洗澡的步骤。

13. 新生儿抚触有哪些好处？

14. 婴儿添加辅食的时间、顺序分别是什么？

15. 抚触与按摩有什么区别？

16. 简述为婴儿鼻两侧抚触的功效和方法。

17. 给婴儿按摩有什么作用?

18. 婴儿游泳有哪些好处?

19. 0 ~ 1 岁婴儿精细动作发展的规律和顺序是什么?

20. 新生儿期应从哪三个方面开发婴儿智力?

思考总结

第五章　先天性异常儿及早产儿知识

一、判断对错题

(　　) 1. 出生时有缺陷的新生儿称为先天性异常儿。
(　　) 2. 早产儿在不能自行吸吮时应用小勺滴管进食。
(　　) 3. 早产儿要注意保护皮肤，防止皮肤感染。
(　　) 4. 早产儿也可随时洗澡。
(　　) 5. 先天性异常儿或先天性缺陷儿是指出生后产生异常的婴儿。
(　　) 6. 出院后必须按照医嘱对早产儿每两周进行一次随访检查眼底。
(　　) 7. 孕期产妇患急性传染病伴高烧、急性或慢性中毒、严重的溶血病或贫血病时，有可能诱发早产。
(　　) 8. 早产儿胎毛多，指甲软，可达指端。
(　　) 9. 早产儿是指胎龄不满 36 周就出生的婴儿。
(　　) 10. 高级母婴护理师应基本了解各种类型的先天性异常儿，在护理方面遵从医生的嘱咐，不可大意。

二、单项选择题

1. 早产儿出生后的皮肤外观不包括（　　）。
A. 外表皮肤柔嫩、呈鲜红色　　B. 胎毛少，指甲短，达不到指端
C. 囟门大　　D. 头发厚密

2. 脑脊膜膨出是常见的（　　）发育畸形，是胚胎时期神经管闭合过程中发生障碍，引起的脊柱椎管发生闭合不全，使脊膜或脊髓从裂隙中膨出形成囊性肿物。
A. 神经系统　　B. 血液系统　　C. 呼吸系统　　D. 内分泌系统

3. 脐膨出是指（　　）发育不全，脐带周围发生缺损。
A. 腹壁　　B. 胸腔　　C. 肠道　　D. 脐根

4. 以下哪项不是先天性异常（　　）。
A. 唇裂　　B. 脐疝　　C. 脑积水　　D. 乳房肿大

5. 以下哪项不是可能造成早产的原因（　　）。
A. 产妇焦虑　　B. 产妇并发产科疾病

C. 产妇患急性疾病　　D. 种族和遗传因素

6. 早产儿由于肝功能不全，出生后酶的发育亦慢，故生理性黄疸（　　）。

A. 较轻　　B. 较重　　C. 不会发生　　D. 水平不稳定

7. 早产儿的血液成分不正常，血小板数（　　）。

A. 比正常婴儿少　　B. 比正常婴儿多

C. 为零　　D. 数量不稳定

8. 早产儿在胎龄满（　　）时应到眼科进行 ROP 筛查。

A. 30～31 周　　B. 32～34 周　　C. 34～36 周　　D. 37～39 周

9. 下列哪项不是早产儿的特点（　　）。

A. 体重在 2500 克以下　　B. 身长不足 47 厘米

C. 乳房有结节　　D. 耳壳软骨发育软

10. 早产儿肝功能不全，生理性黄疸的特点为（　　）。

A. 较足月儿轻，持续时间短　　B. 较足月儿重，持续时间长

C. 较足月儿轻，持续时间长　　D. 较足月儿重，持续时间短

三、问答题

1. 简述早产儿身体各系统的发育特点。

2. 早产儿的产生与哪些原因有关（应至少举出 5 点）？

3. 早产儿出院后应注意如何护理？

4. 什么是先天性斜颈?

5. 什么是血管瘤?

思考总结

第六章　产褥期基础知识

一、判断对错题

（　　）1. 产后 12 小时内，有些产妇可能出现体温升高，但不超过 38℃。

（　　）2. 产后 10 天子宫收缩，会下降到盆腔内。

（　　）3. 产后抑郁症是一种常见的表现，无须重视。

（　　）4. 产后抑郁会使奶水减少。

（　　）5. 心理疏导是治疗产后抑郁症的主要方法，但这需要家人的配合。

（　　）6. 产妇的生命体征是指体温、血压、脉搏和呼吸。

（　　）7. 产妇血压下降属于正常的生理现象。

（　　）8. 几乎所有的产妇都会出产褥汗。

（　　）9. 分娩结束之后，子宫收缩会马上停止。

（　　）10. 产后子宫收缩出现下腹阵痛属正常现象。

二、单项选择题

1. 胎盘娩出后，子宫以怎样的速度复原（　　）。

A. 1 ~ 2 厘米/每天　　B. 2 ~ 3 厘米/每天

C. 4 ~ 5 厘米/每天　　D. 0 ~ 1 厘米/每天

2. 产妇子宫恢复到未孕前的大小一般需要（　　）。

A. 1 ~ 2 周　　B. 3 ~ 4 周　　C. 5 ~ 6 周　　D. 6 ~ 8 周

3. 产后第一天子宫底的高度为（　　）。

A. 脐下一横指　　B. 脐下二横指　　C. 与脐平　　D. 脐上一横指

4. 产妇子宫进入盆腔的时间是（　　）。

A. 3 天　　B. 15 天　　C. 7 天　　D. 10 天

5. 产妇分娩后不久，由于胎儿、胎盘、羊水被排出体外，体重通常会减少（　　）左右。

A. 3 千克　　B. 5 千克　　C. 10 千克　　D. 15 千克

6. 一般情况下，产后（　　），子宫腔恢复到孕前的长度。

A. 1 周左右　　B. 2 ~ 4 周　　C. 6 周左右　　D. 8 周左右

7. 子宫颈管的恢复非常迅速，产后仅（　　）就可以恢复到原来的长度。

A. 4 小时　　B. 8 小时　　C. 12 小时　　D. 16 小时

8. 骨盆底部肌肉群一般需要（　　）才能恢复到孕前的状态。

A. 1 ~2 周　　B. 3 ~4 周　　C. 4 ~6 周　　D. 6 ~8 周

9. 婴儿一旦出生，（　　）随即发挥作用，乳汁开始分泌。

A. 胰岛素　　B. 孕激素　　C. 雌激素　　D. 催乳素

10. 产后阵痛一般会持续（　　）。

A. 3 ~4 天　　B. 1 ~2 天　　C. 12 小时左右　　D. 6 小时左右

11. 产后初期产妇的心脏负担最重，血液循环在产后（　　）才能逐渐恢复正常。

A. 1 周　　B. 2 周　　C. 3 周　　D. 4 周

12. 产后哺乳时，产妇往往会感到疼痛加剧，这是因为（　　）。

A. 产后阵痛发作　　B. 产后哺乳太劳累

C. 婴儿吸吮刺激身体产生缩宫素　　D. 产后身体情况异常

13. 子宫复旧不全、胎盘残留、合并感染时，会出现下述哪种症状（　　）。

A. 恶露量增多　　B. 颜色污秽

C. 时间延长并伴有臭味　　D. 以上全都是

14. 产妇分娩后，体内多余水分的排出方式有（　　）。

A. 呼吸　　B. 大小便　　C. 出汗　　D. 以上全都是

15. 产妇在分娩时膀胱神经受到胎儿头部压迫，可能会感觉到排尿困难，这种情况一般可在（　　）内消失。

A. 24 小时　　B. 36 小时

C. 48 小时　　D. 60 小时

三、问答题

1. 产妇的消化系统有什么特点？

2. 产后恶露的临床表现有哪些？

3. 产妇的体温、脉搏、呼吸和血压有何特点？

4. 请列举产妇产后子宫的变化。

5. 简述产妇产后体重的变化及原因。

思考总结

第七章　产褥期护理

一、判断对错题

(　　) 1. 产褥期是指胎儿、胎盘娩出体外后 6 ~ 8 周直至生殖系统完全恢复至未孕状态的一段时间。

(　　) 2. 生产时可以给产妇服用巧克力，帮助其恢复体力，有利于胎儿娩出。

(　　) 3. 产妇分娩完毕，应先闭目养神，稍坐片刻，再上床背靠被褥，呈半坐卧状态，不可骤然平卧。

(　　) 4. 产妇在生产过程中消耗体力，产后第一天应及时补充高蛋白的食物。

(　　) 5. 产妇产后第一天应该及时补充猪蹄汤。

(　　) 6. 产后即可吃生冷类食物，如大白菜、生白萝卜、生西瓜等。

(　　) 7. 新鲜水果酸甜可口，能刺激食欲，还有助消化和排便。

(　　) 8. 产妇产后应尽量避免多吃蔬菜、水果、蜂蜜，以保持大便通畅。

(　　) 9. 产妇喝红糖水，不宜超过 10 天。

(　　) 10. 产妇产后喝红糖水可以补血。

(　　) 11. 剖宫产产妇术后一周内禁止服用蛋类、牛奶、豆制品，防止肚胀。

(　　) 12. 制作月子餐应符合产妇的生活习惯、风俗习惯。

(　　) 13. 因失血过多，产妇产后需多吃铁质食物。

(　　) 14. 产后第二阶段应固本补肾，要大量进食营养品。

(　　) 15. 产后一个月内要按照少吃多餐、易消化的原则进餐。

(　　) 16. 薏米是祛湿的，产后不可以多吃。

(　　) 17. 顺产的产妇，产后第一餐需进食易消化吸收的菜粥。

(　　) 18. 产妇产后脾胃虚弱，故产后一周不宜直接进食原汤（老汤）。

(　　) 19. 产妇产后进食需要循序渐进，合理用膳。

(　　) 20. 产妇早上多睡会儿不用吃早点，中午多吃点也可以。

(　　) 21. 产妇在产褥期只喝鱼汤、鸡汤即可，不用吃水果、蔬菜。

(　　) 22. 产褥期产妇饮食一次不可过饱。

(　　) 23. 产妇应少吃粗纤维的食品，以防止发生便秘。

(　　) 24. 产妇身体虚弱，应多食用大麦芽、麦乳精、麦芽糖等催乳食物。

(　　) 25. 剖宫产产妇在排气之前应吃流质食物，包括牛奶、豆浆。

(　　) 26. 孕妇的饮食应该富含营养，易于消化吸收，品种多样，搭配科学。
(　　) 27. 红豆、薏米可以帮助产妇消除体内多余的水分。
(　　) 28. 适合产妇吃的蔬菜有：莲藕、莴笋、黄花菜、黄豆芽、海带、胡萝卜、茭白、丝瓜、番茄等。
(　　) 29. 产妇应少吃辛辣、生冷、坚硬的食物，不宜滋补过量，少吃盐多的食物，不要吃味精。
(　　) 30. 阿胶是产妇补血的良药。
(　　) 31. 药膳具有药食同补的功效，高级母婴护理师应尽量应用。
(　　) 32. 产妇大都体虚，常补人参为佳。
(　　) 33. 酱油可调味，产妇可随意食用。
(　　) 34. 为增加产妇营养，可给产妇喝鱼汤、鸡汤，吃巧克力等。
(　　) 35. 坐月子期间产妇可以喝咖啡、浓茶。
(　　) 36. 产妇不可以吃从冰箱里直接拿出来的水果。
(　　) 37. 剖宫产的产妇可以喝牛奶和咖啡。
(　　) 38. 产后前两个周的饮食重点应放在促进新陈代谢，排出体内过多的水分上。
(　　) 39. 产妇产后半小时就可开始给婴儿喂哺。
(　　) 40. 产妇产后乳房出现局部红、肿、热、痛属正常现象，不用特殊处理。
(　　) 41. 乳头皲裂的产妇哺乳时，应先喂健侧，再喂患侧。
(　　) 42. 剖宫产产妇术后 24 小时应下床活动恢复肠胃蠕动。
(　　) 43. 产后及早下床活动，有利于下肢血液循环，防止血栓栓塞，也可促进恶露及时排出。
(　　) 44. 产妇在产褥期，不管天气多热，都要穿上长衣长裤，以免受风。
(　　) 45. 产妇在月子里要注意保暖，腰背受凉也会引起疼痛。
(　　) 46. 产妇每天应保证 10 小时的睡眠时间，睡时要采取侧卧位，利于子宫复原。
(　　) 47. 产妇照顾新生儿要适度，不要过于劳累，当手腕和手指疼痛时一定要休息。
(　　) 48. 产妇易出汗，因此应经常淋浴换衣，并少食多餐。
(　　) 49. 产妇坐月子期间可以吹风扇。
(　　) 50. 不能用吸尘器吸潮湿的泥土、泥浆、燃烧的烟灰或金属碎片。
(　　) 51. 恶露分为红色恶露、浆液性恶露和白色恶露三个阶段。
(　　) 52. 恶露排出的越多越好。
(　　) 53. 产妇情绪不稳定是由雌激素和孕激素降低引起的。
(　　) 54. 忧虑所造成的压力，会使伤口更加疼痛。
(　　) 55. 贫血的产妇可通过产后体操锻炼身体。

(　　) 56. 剖宫产后产妇即可下地活动，也可以即刻吃东西。

(　　) 57. 坐月子期间可以通过坐浴来清洗身体。

(　　) 58. 产妇产后每天做适量锻炼，3~6 个月体型可恢复正常。

(　　) 59. 产妇产后阴道伤口没有愈合好的不可以做游泳锻炼。

(　　) 60. 产妇产后一个月不可以刷牙、洗脸或洗澡。

(　　) 61. 产妇在产褥期也应坚持早晚刷牙，饭后漱口，以保护牙齿。

(　　) 62. 产妇分娩后应马上佩戴收腹带。

(　　) 63. 产妇在产后调理不得当会出现体质变胖、骨质疏松、免疫力减退、身体器官衰竭、妇科疾病等症状。

(　　) 64. 产妇在产褥期应穿柔软、宽大的睡衣，以使皮肤血流通畅，减少刺激。

(　　) 65. 产妇在产褥期也应经常洗头、梳头，以保持头发的清洁卫生，促进局部血液循环。

(　　) 66. 正常情况下，产妇需要 6~8 周才能恢复到怀孕前的生理状态。

(　　) 67. 如果子宫里有残留的胎盘组织，或产后子宫收缩不好，子宫复原的速度就会放慢。

(　　) 68. 产妇的房间应定时通风换气，每天 1~2 次，每次 30 分钟左右。

(　　) 69. 坐月子期间为了使产妇不受风，应该将门窗紧闭。

(　　) 70. 顺产后解不下小便没关系，可以过段时间再解。

(　　) 71. 产妇如果有小便困难或尿频现象，需要多喝水。

(　　) 72. 孕妇术前 6 小时要求禁食，所以在此之前要多吃食物以免挨饿。

(　　) 73. 产妇术后 6 小时要枕枕头以防止头痛。

(　　) 74. 对于顺产产妇，应在产后 2 小时提醒产妇排尿。

(　　) 75. 术后护理时，产妇导尿管里的尿量不能超过尿袋的一半，要及时记录和排放尿液。

(　　) 76. 产妇产后睡板床或较硬的棕床有利于其产后恢复，避免骨盆损伤。

(　　) 77. 一般来说，如果分娩顺利，又无剖宫产、发热或其他疾病，产后 2~3 天即可洗澡。

(　　) 78. 产妇在产褥期不要右侧卧，以免挤压心脏，影响血液循环。

(　　) 79. 在递接物品时，应避免从新生儿头部上方经过。

(　　) 80. 高龄产妇以及有家族精神病遗传史的产妇更容易患产后抑郁症。

二、单项选择题

1. 妊娠全过程分为（　　）。

A. 早期、中期和晚期　　B. 早期和晚期

C. 中期和晚期　　D. 不分期

2.（　　）是产妇供给胎儿营养和胎儿排泄废物的必经之道。

A. 脐带　　B. 胎盘　　C. 乳腺　　D. 肠道

3. 分娩方式包括（　　）。

A. 自然阴道分娩　　B. 人工辅助阴道分娩

C. 剖宫产　　D. 以上都是

4. 剖宫产手术的当日早上应该（　　）。

A. 禁食　　B. 测体温、脉搏及血压、听胎心

C. 取下活动义齿及饰物　　D. 以上各项均是

5. 产妇每天应休息多长时间为好（　　）。

A. 8～10 小时　　B. 12～14 小时　　C. 16～18 小时　　D. 24 小时休息

6. 产妇穿着的衣物以（　　）材质为好。

A. 化纤织物　　B. 纯棉织物　　C. 真丝衣物　　D. 亚麻衣物

7. 产妇的服装以（　　）为原则。

A. 紧身　　B. 舒适

C. 紧身且颜色鲜艳　　D. 式样新

8. 剖宫产后注意事项里不包括（　　）。

A. 平卧静卧　　B. 不宜过饱　　C. 杜绝授乳　　D. 及时排便

9. 剖宫产后产妇必须在（　　）内禁止进食。

A. 24 小时　　B. 12 小时　　C. 6 小时　　D. 10 小时

10. 一般而言，剖宫产产妇于产后（　　），可恢复正常饮食。

A. 3 小时　　B. 12 小时　　C. 6 小时　　D. 24 小时

11. 剖宫产产妇一般于产后（　　）天可以洗浴。

A. 3 天　　B. 6 天　　C. 8 天　　D. 10 天

12. 若自然分娩且无侧切伤口时，产妇体质许可，一般可于产后（　　）开始洗澡。

A. 第 2 天　　B. 一周内　　C. 一个月后　　D. 不能洗澡

13. 产妇洗浴每周（　　）次即可。

A. 3～5　　B. 1～2　　C. 2～3　　D. 不可洗浴

14. 产妇洗浴时间一般控制在（　　）分钟。

A. 5～10　　B. 15～30　　C. 30～45　　D. 45～60

15. 在适宜的温度下，产妇身体清洁可选择（　　）。

A. 盆浴　　B. 淋浴　　C. 擦澡　　D. 最好不洗澡

16. 产妇洗澡时应注意（　　）。

A. 水温适宜，淋浴，注意防滑　　B. 去公共浴池，不需他人陪伴

C. 只能盆浴　　D. 水温适宜应坐浴

17. 下列哪项不是对产妇休养房间的必须要求（　　）。

A. 越大越好　　B. 清洁　　C. 通风良好　　D. 安静

18. 天气晴好时，应将产妇房间的门窗打开通风，每天（　　），每次（　　）。

A. 3 次　10 分钟　　B. 1 次　30 分钟

C. 3 ~ 4 次　20 ~ 30 分钟　　D. 1 ~ 2 次　15 ~ 30 分钟

19. 产褥期俗称“月子”，是产妇产后生理及心理方面调试复原的时期，一般需要(　　)。

A. 1 ~ 2 周　　B. 2 ~ 3 周　　C. 4 ~ 6 周　　D. 产后即可复原

20. 产妇产后第一天适合吃（　　）的流质、半流质食物。

A. 清淡　　B. 高脂肪　　C. 高蛋白　　D. 多纤维

21. 产褥期饮食应（　　）。

A. 三餐即可　　B. 三个主餐两个加餐

C. 八餐最好　　D. 越多越好

22. 产妇饮食的特点（　　）。

A. 高钾　　B. 高钠

C. 低盐　　D. 低盐、高热量、高蛋白

23. 产妇在日常生活中忌（　　）。

A. 烟酒　　B. 食肉　　C. 吃鱼　　D. 吃蛋

24. 剖宫产 6 小时后产妇应饮用一些排气的汤，如（　　）。

A. 小米汤　　B. 排骨汤　　C. 鸡汤　　D. 萝卜汤

25. 顺产产妇产后（　　）可进食流质或半流质清淡饮食。

A. 1 小时　　B. 3 小时　　C. 7 小时　　D. 12 小时

26. 产后第一周，应拒绝油腻，宜清淡饮食，下列哪道可作为首选（　　）。

A. 通草排骨汤　　B. 鲫鱼汤　　C. 西兰花肉片　　D. 三鲜汤

27. 产妇第二周应多吃补血食物，补充维生素，下列哪种食物适宜（　　）。

A. 青椒肉片　　B. 菠萝鸡片　　C. 鱼香猪肝　　D. 鲫鱼汤

28. 产妇每天鸡蛋的摄入以（　　）为佳。

A. 6 ~ 8 个　　B. 10 个以上　　C. 2 ~ 3 个　　D. 4 ~ 5 个

29. 下面哪种水果具有补血作用（　　）。

A. 葡萄　　B. 香蕉　　C. 梨　　D. 橘子

30. 具有利尿、消肿、除湿的食物是（　　）。

A. 韭菜　　B. 木瓜　　C. 红豆　　D. 燕麦

31. 以下不属于产妇饮食原则的是（　　）。

A. 少吃多餐　B. 荤素搭配　C. 软硬适宜　D. 高脂高盐

32. 和硬面团的技术关键是用水量少，而且要将水（　　）掺入。

A. 一次性　B. 分次　C. 煮开后　D. 冰冻后

33. 保健食品及药物的妥善保存应放置在（　　）处，并盖紧瓶盖。

A. 潮湿阴暗　B. 阳光直射　C. 避光阴凉　D. 衣柜里

34. 下列对产妇起到补血作用的食物是（　　）。

A. 黑芝麻粥　B. 鲤鱼粥　C. 紫米粥　D. 海鲜粥

35. 下列食物利于产妇润肠通便的是（　　）。

A. 凤菇清炖鸡　B. 杏仁白糖粥　C. 红枣人参粥　D. 田七粥

36. 如果恶露不下，首选的食物是（　　）。

A. 三七粥　B. 当归羊肉羹　C. 黄芪羊肉汤　D. 大豆汤

37. 下列食物对产后腹痛有效果的是（　　）。

A. 大豆汤　B. 地瓜小米粥　C. 荠菜汤　D. 鸡汤粥

38. 下列属于剖宫产后禁忌的食物是（　　）。

A. 所有海鲜类　B. 肉类　C. 蔬菜类　D. 汤类

39. 寒性体质忌食（　　）。

A. 梨子　B. 苹果　C. 荔枝　D. 龙眼

40. 产妇服用红糖的正确时间为产后第（　　）。

A. 3～4 天　B. 7～10 天　C. 15～30 天　D. 30～42 天

41. 第一产程产妇可选择的吸收快的食物有（　　）。

A. 巧克力　B. 红枣　C. 麦乳精　D. 绿豆汤

42. 容易使产妇肚子胀气的食物是（　　）。

A. 香蕉　B. 牛奶　C. 葡萄　D. 青菜

43. 产妇不宜食用以下哪种食物（　　）。

A. 橘子　B. 山楂　C. 红枣　D. 乌梅

44. 产妇应多食用哪种食物（　　）。

A. 香蕉　B. 西瓜　C. 麦乳精　D. 韭菜

45. 下列对虾的说法，不正确的是（　　）。

A. 性寒　B. 有通乳功效　C. 含高蛋白　D. 可滋补

46. 以下哪种食物性温（　　）。

A. 黄瓜　B. 燕麦　C. 苦瓜　D. 绿豆

47. 产妇应注意钙等无机盐的补充，因为泌乳使乳母每日消耗钙约（　　）。

A. 100 毫克　B. 200 毫克　C. 300 毫克　D. 400 毫克

48. 水溶性维生素 B、维生素 C 可以转化为乳汁，但转化能力低，约为（　　）。

A. 20%　　B. 30%　　C. 40%　　D. 50%

49. 自然分娩产妇可在产后（　　）小时后起床活动。

A. 6～12　　B. 24　　C. 48　　D. 2

50. 产妇产后禁止重体力劳动、久站是为了预防（　　）。

A. 受凉　　B. 子宫脱垂　　C. 腰痛　　D. 关节痛

51. 产妇分娩后（　　）可以做适宜的活动。

A. 第一天　　B. 第二天

C. 第三天　　D. 第四天

52. 产后健身要循序渐进，一般可以先从（　　）开始进行。

A. 有氧舞蹈　　B. 游泳

C. 打球　　D. 柔软操

53. 产后恢复按摩，下列顺序正确的是（　　）。

A. 上肢—乳房—下肢—腹部—背部—臀部

B. 上肢—乳房—背部—臀部—下肢—腹部

C. 背部—臀部—下肢—乳房—上肢—腹部

D. 上肢—臀部—背部—下肢—乳房—腹部

54. 为产妇按摩腹部的主要作用是（　　）。

A. 无任何意义　　B. 促进子宫修复

C. 比较舒服　　D. 消除妊娠纹

55. 产后恢复操一般在产后（　　）练习。

A. 出院就能做　　B. 一周

C. 两周　　D. 至少三周后

56. 以下哪类产妇适合做体操运动（　　）。

A. 产后体虚、发热者　　B. 做剖宫产手术者

C. 贫血及有其他产后并发症者　　D. 产后血压恢复正常者

57. 下列哪项不是产后运动的原则（　　）。

A. 每餐不要吃得太饱　　B. 饭后 1 小时再运动

C. 运动后注意补充水分　　D. 多做单脚用力的动作

58. 产后瘦身的饮食误区不包括（　　）。

A. 高纤维食品摄入太少、烦躁和饥饿

B. 不吃早餐、长期使用固定食谱饮食

C. 合理运动，合理食用高脂肪食物

D. 缺钙饮食、以药物代替天然食品

59. 产后（　　）天产妇和小儿应一同到妇幼保健站做健康体检。

A. 28　B. 30　C. 42　D. 56

60. 产妇要重视产后护理，若产后调理不好，产妇可能会出现（　　）。

A. 体质变胖、骨质疏松　B. 免疫力减退、妇科疾病

C. 身体器官衰竭　D. 以上皆有可能

61. 产妇晚上护理的常规流程为（　　）。

A. 漱口—清洗脸部—擦拭乳房及乳头—泡脚洗脚—冲洗会阴

B. 清洗脸部—泡脚洗脚—冲洗会阴—擦拭乳房及乳头—漱口

C. 泡脚洗脚—清洗脸部—冲洗会阴—擦拭乳房及乳头—漱口

D. 冲洗会阴—泡脚洗脚—清洗脸部—漱口—擦拭乳房及乳头

62. 对护理师夜间护理的评价包括（　　）。

A. 产妇清洁舒适、自我形象得到改善

B. 产妇房间整洁、空气清新

C. 产妇床铺平整清洁

D. 以上皆是

63. 引起产妇情绪不稳定的原因是（　　）。

A. 雌激素水平升高　B. 雌激素水平下降

C. 雌激素和孕激素水平升高　D. 雌激素和孕激素水平下降

64. 产妇爱哭、失望、抑郁、不安、头脑模糊而无法做家务、失眠、头痛、对育儿有抵触、对家人有敌意等症状外严重的还会有精神分裂、自杀的倾向，可能患有（　　）。

A. 产后抑郁症　B. 产褥感染　C. 产后风　D. 产后风湿

65. 产后抑郁症是一种（　　）抑郁综合征，可持续数周。

A. 精神性　B. 非精神性　C. 遗传性　D. 传染性

66. 产后抑郁不包括下列哪一项（　　）。

A. 爱哭　B. 忧郁　C. 爱发脾气　D. 爱笑

67. 发病于分娩后 2 周内，表现为冲动、情绪低落、焦虑、无助感、无望感、罪恶感、担心养不活孩子、严重时会担忧孩子在世界上受苦而呈现杀害婴儿的行为，而后自残。下列产后抑郁症的表现中，最符合上述描述的是（　　）。

A. 第三日抑郁　B. 内因性抑郁　C. 神经性抑郁　D. 以上都不属于

68. 以往有神经病的病史，在分娩后原有的不良情绪会加重、身材不适、情绪不稳、易发性格、睡眠不安等。下列产后抑郁症的表现中，最符合上述描述的是（　　）。

A. 第三日抑郁　B. 内因性抑郁　C. 神经性抑郁　D. 以上都不属于

69. 对于患有产后抑郁症的产妇，需要（　　）。

A. 丈夫的理解和关爱　B. 补充营养

C. 充分休息　　D. 以上三项全是

70. 关于患有心脏病的产妇说法错误的是（　　）。

A. 子宫收缩，回心血量增加

B. 孕期组织液吸收，血容量增加

C. 最初 3 天，特别是 24 小时内极易发生心力衰竭

D. 24 小时内极易发生产后出血

71. 下列关于产妇护齿的说法，哪项不正确（　　）。

A. 刷牙时要用温热水刷　　B. 产妇应经常叩齿

C. 做到饭后漱口　　D. 刷牙时应只刷外面不刷里面

72. 产后产妇的衣物应做到勤换勤洗，不是因为下列哪一项（　　）。

A. 汗液会经常浸湿衣服　　B. 避免感冒

C. 阴道排出恶露　　D. 乳房有时会漾奶

73. 以下哪种认识是错误的（　　）。

A. 因为电视会有低剂量的放射性污染，所以产妇应当少看

B. 因为茶叶内的咖啡因会对婴儿造成不利影响，所以产妇在哺乳期不宜饮茶

C. 因为产褥期洗头会掉头发，日后会引起头疼，所以产妇不宜洗发

D. 因为在哺乳期，产妇需要一定量的水分和脂肪，所以产妇不宜过分节食

74. 产妇因疾病或其他原因不能哺乳的，应做退奶处理，退奶期间不应（　　）。

A. 限进食汤类　　B. 排空乳房

C. 停止哺乳和挤奶　　D. 束紧乳房

75. 产妇身体的评估包括（　　）。

A. 产妇的体温、血压和脉搏等情况

B. 观察恶露处于什么阶段

C. 乳房外观是否正常、乳头是否突出、乳汁是否充足

D. 以上三项全是

76. 侧切伤口一般会在（　　）后愈合。

A. 3 周　　B. 5 周　　C. 7 周　　D. 1 ~ 2 周

77. 擦洗会阴时，选取的溶液是（　　）。

A. 酒精　　B. 1：5000 高锰酸钾

C. 碘酒　　D. 双氧水

78. 以下哪项不是女性会阴护理的作用（　　）。

A. 促进产妇的舒适和会阴伤口的愈合

B. 减轻会阴伤口的疼痛

C. 防止生殖系统、泌尿系统的逆行感染

D. 保持产妇会阴及肛门部位的清洁

79. 产妇注意补充（　　），可促进伤口的愈合。

A. 维生素　　B. 铁剂　　C. 蛋白质　　D. 钙剂

80. 一般来说，产妇子宫的复原能力不受（　　）的影响。

A. 健康状况　　B. 分娩次数

C. 饮食情况　　D. 胎儿出生周龄

三、问答题

1. 请列举各种营养成分的食物来源（注：每种营养成分至少列举 2 种食物）。

2. 简述产后饮食注意事项及月子餐制作原则。

3. 有些妇女在分娩后，精神状态会发生很大的变化，往往因为心情烦躁而容易激动、焦虑不安、失眠、情绪低落、抑郁爱哭，即使平时很坚强的人，此时也容易为一些小事而伤心落泪。请问这时应采取怎样的措施？

4. 产后健身运动应遵循什么原则（至少 5 点）？

5. 请列举乳房胀痛的护理方法（至少举出 4 种）。

6. 请简述顺产产妇会阴擦洗的步骤。

7. 试分析产后抑郁跟哪些因素有关。

8. 简述带婴儿外出时的安全注意事项。

思考总结

第八章　母乳喂养

一、判断对错题

(　　) 1. 乳汁是由腺泡细胞分泌的。
(　　) 2. 乳房由腺体、导管、脂肪组织和纤维组织等构成。
(　　) 3. 输乳管位于乳头和乳晕的下方，是用来分泌乳汁的。
(　　) 4. 催产素是催乳或喷乳反射所必需的荷尔蒙。
(　　) 5. 孕激素在分娩之后浓度达到最高点。
(　　) 6. 从理论上讲，产妇的一对乳房能够分泌足够的母乳喂养一对双胞胎。
(　　) 7. 母乳喂养如感到乳量不足是因为婴儿吸的时间太长，次数太多。
(　　) 8. 初乳含有大量免疫蛋白，基本可以使婴儿六个月内不生病。
(　　) 9. 初乳中含有丰富的抗体，要让新生儿多吸。
(　　) 10. 初乳可以帮助胎便和胆红素排出，减轻新生儿黄疸。
(　　) 11. 成熟乳中的蛋白质成分比初乳多，微量元素丰富。
(　　) 12. 一般情况下，纯母乳喂养的新生儿基本不用喂水。
(　　) 13. 母乳乳糖过高引起婴儿腹泻呈水样大便时，无须药物治疗，应以调整产妇的饮食为主。
(　　) 14. 产后第一周，是产妇开胃的关键，好的食欲可促进乳汁的分泌。
(　　) 15. 鲜虾可以催乳，剖宫产产妇也可大量食用。
(　　) 16. 小米汤太稀，产妇喝没有营养和功效。
(　　) 17. 产妇产后即可吃老母鸡，有利于乳汁的分泌。
(　　) 18. 哺乳期间可以食用大麦茶、啤酒等食物。
(　　) 19. 产妇产后应尽量避免多吃蔬菜、水果、蜂蜜，以保持大便通畅。
(　　) 20. 晚上哺乳要熬夜，一定要吃得饱饱的。
(　　) 21. 酒酿鸡蛋可以补气下奶，是产妇最佳的饮食。
(　　) 22. 红豆汤有利水消肿、利尿通乳、活血的功效。
(　　) 23. 水果可以煮在粥里让产妇食用。
(　　) 24. 带鱼具有止血补乳的功效，可入汤。
(　　) 25. 产后饮食不当会引起下爆奶。
(　　) 26. 产后乳房充盈下爆奶时可以热敷。

(　　) 27. 产后无奶可以给产妇服用大量的汤剂来催乳。
(　　) 28. 准产妇应在临产前开始做乳头护理准备。
(　　) 29. 产妇产后 24 小时内应与婴儿同室。
(　　) 30. 新生儿吸吮力差，喂奶时间可加长至 1 小时。
(　　) 31. 产妇保持愉快的精神状态和乐观的情绪，忧伤、悲观、愤怒、焦虑等不良情绪或精神上受到刺激，会通过中枢神经的反射作用，减少催乳素的分泌导致缺乳。
(　　) 32. 母乳最适合新生儿消化吸收，但却会使产妇发胖。
(　　) 33. 母乳喂养对婴儿的性格发育有好处。
(　　) 34. 母乳量充足，婴儿安静，睡眠有规律，少哭闹，尿量多，体重增长快。
(　　) 35. 母乳喂养可以促进母婴之间的感情交流。
(　　) 36. 母乳喂养有帮助产妇避孕的重要功效。
(　　) 37. 预防产后乳腺炎要预防乳汁淤积和细菌入侵。
(　　) 38. 母乳喂养的姿势不正确可以直接造成产妇患乳腺疾病。
(　　) 39. 乳房有红肿热痛不能够热敷，需要冷敷，局部减轻疼痛。
(　　) 40. 乳腺炎的症状有红、肿、热、痛和肿块，伴有发热等。
(　　) 41. 高级母婴护理师要掌握产后催乳手法，及时帮助产妇解决乳房出现的问题。
(　　) 42. 母乳喂养时，应让婴儿将大部分乳晕含住吸吮才有效。
(　　) 43. 回奶后要把乳房内残留的乳汁排出，否则会留下乳腺疾病的隐患。
(　　) 44. 婴儿鼻腔内有鼻屎堵塞会影响含接乳头。
(　　) 45. 十字牵拉法可以治疗乳头凹陷。
(　　) 46. 哺乳前按摩乳房可以增加奶量。
(　　) 47. 产后要戴哺乳胸罩预防产后乳房下垂。
(　　) 48. 艾滋病产妇可以喂养婴儿，不会传染给婴儿。
(　　) 49. 产后如遇到乳房胀痛，应尽早哺乳。哺乳前应热敷乳房，可借助吸奶器，必要时用散结通乳药。
(　　) 50. 产妇有高血压、吸毒或滥用药物、患有乙肝、母乳性黄疸、急性乳腺炎、重度心脏病、失血过多产后感染败血症等情况下不可以喂奶。
(　　) 51. 产妇的乳头皲裂，不可以喂奶。
(　　) 52. 产妇若患有严重的产后并发症不可以喂养婴儿。
(　　) 53. 婴儿患母乳性黄疸应暂时停止喂养母乳。
(　　) 54. 如果产后无乳，就不要让婴儿吸吮。
(　　) 55. 所有产妇都适合母乳喂养。

(　　) 56. 乳头如果出现疼痛、裂纹时，喂奶时一定注意保护乳头。
(　　) 57. 产后第一天如果产妇身体虚弱或伤口疼，可以采取侧卧位喂奶。
(　　) 58. 中医催乳手法可以疏通经络，加强产后乳汁分泌。
(　　) 59. 产后饮食要先吃饭后喝汤，以保证充足的奶水。
(　　) 60. 艾灸疗法可以帮助产妇疏通经络、活血化淤，调理身体。

二、单项选择题

1. 输乳孔一般有（　　）。
   A. 15 ~ 20 个　B. 10 ~ 15 个　C. 8 ~ 10 个　D. 20 ~ 25 个
2. 乳母为哺乳做乳头准备的时机以（　　）为宜。
   A. 孕早期　B. 孕中期　C. 孕晚期　D. 产后
3. 产后（　　）之内就应进行开奶。
   A. 30 分钟　B. 1 小时　C. 3 小时　D. 6 小时
4. 以下哪种激素的浓度会随着乳头受刺激而不断上升（　　）。
   A. 催乳素　B. 雌激素　C. 催产素　D. 孕激素
5. 产后两周是建立（　　）的关键期，此时乳晕的传入神经较为敏感。
   A. 母子关系　B. 社会关系　C. 心理关系　D. 母乳喂养
6. 一般来说，孩子生下来以后，乳腺在两三天内开始分泌乳汁，这时乳汁的颜色是（　　）。
   A. 稀而且白　B. 黄而稀
   C. 黏稠而略带黄色　D. 透明色
7. 初乳含有丰富的蛋白质和矿物质，是产后（　　）内分泌的奶。
   A. 1 星期　B. 2 星期　C. 3 星期　D. 4 星期
8. 初乳中具有抵抗疾病作用的成分是（　　）。
   A. 糖类　B. 蛋白质　C. 水分　D. 脂肪
9. 下列哪项不是母乳喂养的好处（　　）。
   A. 可以增加婴儿的抵抗力　B. 帮助产妇恢复体形
   C. 经济、方便、卫生　D. 产妇容易患乳腺癌、卵巢癌
10. 母乳喂养可以预防婴儿日后患（　　）等病。
    A. 癌症、糖尿病、高血压　B. 乳腺癌、痔疮、肥胖
    C. 智力低下、痴呆、上火　D. 发热、寒战、胃病、肝病
11. 以下对母乳喂养对产妇的好处说法正确的是（　　）。
    A. 母乳是天然的营养食品，卫生，喂养方便，适合婴儿各阶段生长发育的需要
    B. 母乳经济实惠，还可以帮助产妇产后体型恢复

C. 可以促进婴儿大脑发育、增加免疫力

D. 母乳对新生儿心理发育有好处、可以增进母子感情

12. 以下哪项不是母乳喂养的好处（　　）。

A. 增进母婴感情及婴儿发育

B. 避孕

C. 保护产妇健康，降低产妇患乳腺癌及卵巢癌的危险性

D. 吸吮刺激催乳素及缩宫素的分泌，导致产后出血量多

13. 与未哺乳的妇女相比，哺乳期超过 25 个月的妇女患乳腺癌的概率（　　）。

A. 减少 1/3　　B. 稍低一些　　C. 高 1/3　　D. 无差别

14. 下列哪项不是母乳的优点（　　）。

A. 新鲜　　B. 经济　　C. 清洁　　D. 浓度高

15. 母乳中含有的（　　）有促进大脑发育的重要作用。

A. 牛磺酸　　B. 蛋白质　　C. 脂肪　　D. 乳房

16. 哺乳可以帮助产妇预防（　　）。

A. 卵巢癌　　B. 尿路感染　　C. 骨质疏松　　D. 以上选项全都是

17. 纯母乳喂养的婴儿容易缺乏维生素（　　）。

A. K　　B. A　　C. C　　D. D

18. 母乳喂养的正确姿势不包括（　　）。

A. 握头交叉环抱式　　B. 橄榄球式

C. 斜抱式　　D. 扶腰臀侧卧式

19. 以下哪种喂奶姿势不容易导致婴儿窒息（　　）。

A. 产妇侧卧喂奶　　B. 产妇平躺，婴儿俯卧于产妇身上吃奶

C. 产妇坐姿抱喂　　D. 产妇俯于婴儿上方喂奶

20. 乳房形状的改变，与下列哪项无关（　　）。

A. 怀孕　　B. 哺乳　　C. 年龄　　D. 整形术

21. 产妇哺喂时，以下哪项操作错误（　　）。

A. 产妇体位舒适　　B. 婴儿有呛奶时，应及时夹托乳房

C. 母婴必须紧密相贴　　D. 防止婴儿鼻部受压

22. 午夜或者需要休息时，哪种哺乳姿势最适合（　　）。

A. 橄榄球式　　B. 扶腰臀抱篮式

C. 扶腰臀侧卧式　　D. 握头交叉环抱式

23. 关于嘴乳衔接，以下哪项操作方式错误（　　）。

A. 产妇应将乳房凑向婴儿的小嘴

B. 直接用乳头对准婴儿鼻子抚摩，诱导婴儿张大嘴

C. 产妇用手轻轻地抚握其颊部，使婴儿头部靠近乳房

D. 挤点母乳涂放到婴儿唇部

24. 新生儿拒绝产妇乳房时，产妇不应该（　　）。

A. 试着挤出一些乳汁，使乳房稍微松软一些

B. 将乳房移离婴儿的面部，不遮盖婴儿鼻孔

C. 挤压乳房，促进乳汁排出

D. 清除鼻腔内分泌物

25. 以下哪项说明婴儿正在吸奶（　　）。

A. 婴儿颊部、下巴、耳部出现节律性的协调动作

B. 产妇体验到乳汁从乳头流出的感觉

C. 听到婴儿的吞咽声（或者间断的呛咳声）

D. 以上选项全都是

26. 催产素在以下哪种情况下会分泌（　　）。

A. 在婴儿直接吸吮乳头时　　B. 在接触到与哺乳有关的熟悉景象时

C. 产妇怀抱婴儿时　　D. 以上选项全都是

27. 母乳不够的主要表现是（　　）。

A. 听得到婴儿吞咽声

B. 每天尿量 6 ~7 次以上

C. 体重每天增加 30 ~50 克

D. 不放开乳头，拼命地吸吮，有时突然放开乳头哭啼不止

28. 判断母乳充足的标准之一是新生儿安静睡眠（　　）分钟以上。

A. 5　　B. 15　　C. 20　　D. 30

29. 解决产后母乳不足不提倡（　　）的方法。

A. 心理调整　　B. 指导产妇正确的喂养姿势

C. 药物催乳　　D. 调整产妇膳食结构

30. 影响母乳分泌的因素不包含（　　）。

A. 营养和心理健康　　B. 乳房的大小

C. 生活习惯　　D. 休息情况

31. 母乳喂养的“三早”不包括（　　）。

A. 早断奶　　B. 早接触　　C. 早吸吮　　D. 早喂养

32. 部分早产儿和低出生体重儿刚出生时不会吸吮乳房，这时应（　　）。

A. 将乳汁挤出后用汤匙喂

B. 少量、多次喂养

C. 在医生指导下，在婴儿出生后适时补充维生素 K_1 和维生素 C

D. 以上选项全都是

33. 以下哪项不是婴儿拒绝产妇乳房的原因（　　）。

A. 乳房过于肿胀

B. 乳汁流出太快

C. 母乳因产妇食谱变化，味道发生的变化

D. 婴儿鼻子不透气

34. 新生儿出现漾奶，产妇应该（　　）。

A. 哺乳时保持平静、舒适

B. 等到婴儿足够饥饿时再喂奶

C. 喂奶后将婴儿竖抱，头靠在自己肩上轻拍后背

D. 换尿布应在喂奶前进行

35. 母乳喂养的时间应以每次不要超过（　　）分钟为宜。

A. 10　　B. 15　　C. 20　　D. 30

36. 哺乳时，每侧乳房的哺乳时间应（　　）。

A. 控制在 10～20 分钟　　B. 控制在 20～30 分钟

C. 一直到婴儿吃饱　　D. 一直到乳汁用尽

37. 以下哪项不是长期用一侧乳房哺乳的弊端（　　）。

A. 将导致该侧乳房大于另一侧

B. 随着婴儿需奶量的增加，一侧乳房将不能满足其需要

C. 母乳分泌将更加充足

D. 不喂奶的一侧乳房泌乳量将明显减少甚至停止泌乳

38. 母乳喂养应至少持续（　　）。

A. 4 个月　　B. 6 个月　　C. 12 个月　　D. 18 个月

39. 世界卫生组织要求纯母乳喂养应达到（　　）。

A. 3 个月　　B. 6 个月　　C. 8 个月　　D. 1 岁

40. 高比例母乳喂养，指母乳占全部婴儿食物的（　　）。

A. 80% 及以上　　B. 20%～79%　　C. 20% 以下　　D. 100%

41. 中等比例母乳喂养，指母乳占全部婴儿食物的（　　）。

A. 80% 及以上　　B. 20%～79%　　C. 20% 以下　　D. 100%

42. 低比例母乳喂养，指母乳占全部婴儿食物的（　　）。

A. 80% 及以上　　B. 20%～79%　　C. 20% 以下　　D. 100%

43. 下列具有下奶作用的食物是（　　）。

A. 母鸡　　B. 燕麦　　C. 猪蹄　　D. 啤酒

44. 下列哪种食物有利于产妇下奶（　　）。

A. 通草猪蹄汤　B. 党参田鸡汤　C. 西红柿鸡肉汤　D. 黑木耳瘦肉汤

45. 下列汤类中不属于催奶汤类的是（　　）。

A. 鲫鱼汤　B. 猪骨通草汤　C. 丝瓜仁鲢鱼汤　D. 当归生姜羊肉汤

46. 产妇每日摄入的蛋白质最好达到（　　）。

A. 0.1～10 克　B. 20～50 克　C. 50～80 克　D. 95 克

47. 下列汤类乳腺炎产妇可以食用的是（　　）。

A. 猪蹄汤　B. 鲫鱼汤　C. 鸽子汤　D. 小米粥

48. 乳母如果摄入过多油汤会导致乳汁脂肪含量过高引起婴儿（　　）。

A. 黄疸加重　B. 脂肪泻　C. 新生儿脐炎　D. 新生儿湿疹

49. 以下哪项不是产妇在下奶未畅时饮用过多汤类的弊端（　　）。

A. 会使乳汁在乳管内变得浓稠难以流动

B. 导致乳房不容易及时排空

C. 阻碍了新生的乳汁，而且停滞的乳汁很容易感染细菌

D. 会导致婴儿消化不良

50. 哺乳期间不可吃（　　），因其有回奶的作用。

A. 猪蹄　B. 公鸡　C. 醋　D. 红糖

51. 哺乳期食用味精会导致婴儿哪种微量元素缺乏（　　）。

A. 钙　B. 铁　C. 锌　D. 硒

52. 产妇食用以下哪种食物不影响婴儿的生长发育（　　）。

A. 味精　B. 水果　C. 咖啡　D. 茶

53. 产妇由于在分娩时耗力及损血，流失了大量的蛋白质，如果产后调理不好，很可能出现（　　）。

A. 体型变胖　B. 骨质增生　C. 免疫力增强　D. 身体器官亢进

54. 以下哺乳后对乳房护理错误的做法是（　　）。

A. 婴儿尚未吃空就停止哺乳时，需将剩余的乳汁及时挤干净

B. 哺乳后，用一滴乳汁涂在乳头周围

C. 如果乳头皲裂较为严重，应将乳汁挤出用奶瓶喂养，并即时进行护理

D. 为避免乳头感染，产妇不应穿戴胸罩

55. 防止产妇发生乳头皲裂的方法是（　　）。

A. 让婴儿含住乳头

B. 让婴儿含住乳晕

C. 让婴儿侧卧位在产妇怀里

D. 婴儿侧卧位在产妇怀里，嘴巴对乳房，包含大部分乳晕

56. 产妇乳头皲裂，哺乳结束后可用 1～2 滴（　　）涂在乳头上，促进皲裂愈合。

A. 温开水　　B. 红药水　　C. 奶　　D. 紫药水

57. 以下关于乳房胀痛后的处理方法有误的一项是（　　）。

A. 冷敷乳房，并按顺时针或逆时针方向轻轻按摩乳头及乳晕 1 小时

B. 奶水过多时应及时排空乳房

C. 增加哺乳次数

D. 如果发热持续 48 小时以上，应及时就医

58. 产妇在下列哪种情况下可以哺乳（　　）。

A. 高血压　　B. 患有乙肝　　C. 乳头皲裂　　D. 母乳性黄疸

59. 产妇有下面哪种疾病不适合哺乳（　　）。

A. 艾滋病　　B. 风湿　　C. 肩周炎　　D. 抑郁症

60. 产妇患哪种疾病仍可喂奶（　　）。

A. 患艾滋病

B. 患高血压、糖尿病伴有重要器官功能损害

C. 患有结核病

D. 患轻微乳腺炎

三、问答题

1. 请列举母乳不足时的解决方法。

2. 母乳喂养成功的关键注意事项有哪些？（应至少举出 5 点）？

3. 发生乳房胀痛后的处理方法有哪些?

4. 乳母患病可喂奶的情况有哪些?

5. 哪些药会妨碍母乳分泌?

6. 简述乳头有裂口时，哺乳时应注意的事项。

7. 对于易漾奶的婴儿，在喂养和护理时应注意什么（应至少举出5点）？

8. 简述婴儿拒绝产妇乳房的原因和解决方法。

9. 正确的哺喂姿势应掌握哪些原则？

10. 母乳分泌量的多少主要受哪些因素的影响？

思考总结

模拟试题

模拟试题（一）

注意事项：

1. 考试时间：120 分钟。
2. 本试卷共 85 小题，6 页。
3. 考生务必将自己的姓名、考号和所在考区的名称填写在指定位置。
4. 请仔细阅读题目要求，在相应位置填写答案。

一、单选题（每题只有 1 个选项符合题意，请将其代码填写在相应括号中，每题 1 分，共 40 分。）

1. 家政服务员要想做好本职工作首先应了解（　　）。
   A. 父母　　B. 领导　　C. 兄弟姐妹　　D. 雇主
2. 下列哪一项不是高级母婴护理师的岗位职责（　　）。
   A. 根据产妇情况合理安排食谱
   B. 熟练掌握婴儿抚触技能，并了解原理和注意事项
   C. 熟练掌握婴儿游泳的相关技能
   D. 掌握医学护理技能
3. 母婴护理从业人员的素质要求是（　　）。
   A. 好吃懒惰，无上进心
   B. 端正职业心态，克服职业偏见
   C. 随意动用用户家物品，视用户家如自己家
   D. 干涉用户家事，热心帮忙
4. 婴儿口腔黏膜出现不易搓掉的白色小点可能是（　　）。
   A. 鹅口疮　　B. 奶块　　C. 溃疡　　D. 缺维生素
5. 以下哪项不是先天性异常儿的表现（　　）。

A. 唇裂　　B. 脐疝　　C. 脑积水　　D. 乳房肿大

6. 早产儿的特点不包括（　　）。

A. 体重在2500克以下　　B. 身长不足47厘米

C. 乳房有结节　　D. 耳壳软骨发育软

7. 产妇子宫进入盆腔的时间是（　　）。

A. 3天　　B. 15天　　C. 7天　　D. 10天

8. 新生儿在出生24小时内应接种（　　）疫苗。

A. 卡介苗　　B. 百白破　　C. 流脑　　D. 乙肝

9. 女孩每天清洗外阴的正确方法是（　　）。

A. 用肥皂液冲洗　　B. 从前往后冲洗

C. 洗完脚再洗外阴　　D. 下身前后一起洗

10. 产妇产后出汗过多，应注意（　　）。

A. 避免受凉，勤换衣物　　B. 勤用湿毛巾擦汗

C. 少喝水　　D. 少吃水果

11. 母乳喂养的优点中对母子都有益的是（　　）。

A. 有利母子感情建立　　B. 有助于产妇避孕

C. 有利产妇子宫收缩　　D. 提高婴儿抗病能力

12. 黄疸可以用（　　）药物退。

A. 茵栀黄　　B. 感冒冲剂　　C. 生理盐水　　D. 思密达

13. 正常新生儿的心率是（　　）。

A. 60次左右　　B. 80次左右　　C. 100次左右　　D. 140次左右

14. 新生儿先天性喉鸣一般（　　）可自行缓解。

A. 1岁左右　　B. 2岁左右　　C. 3岁左右　　D. 4岁左右

15. 新生儿湿疹可以用（　　）涂抹。

A. 红霉素软膏　　B. 鞣酸软膏　　C. 酒精　　D. 肤乐霜

16. 下列哪项是母乳喂养的原则（　　）。

A. 早开奶早吸吮　　B. 初乳没有营养，不需要给婴儿吃

C. 最好的喂养方式为混合喂养　　D. 开奶的最佳时间为生产后24小时

17. 奶具在沸水中煮沸消毒的时间应该是（　　）。

A. 3分钟　　B. 5分钟　　C. 8分钟　　D. 10～15分钟

18. 脐炎不治疗，严重者可引起（　　），危及生命。

A. 败血症　　B. 发热　　C. 腹痛　　D. 不吃

19. 以下不属于产妇饮食原则的是（　　）。

A. 少吃多餐　　B. 荤素搭配　　C. 软硬适宜　　D. 高脂高盐

20. 婴儿鹅口疮用什么药物治疗（　　）。

A. 碘伏　　B. 酒精

C. 鱼肝油和制霉菌素片　　D. 生理盐水

21. 下列哪项不是产后运动的原则（　　）。

A. 每餐不要吃得太饱　　B. 饭后 1 小时再运动

C. 运动后注意补充水分　　D. 多做单脚用力的动作

22. 产妇爱哭、失望、抑郁、不安、头脑模糊而无法做家务、失眠、头痛、对育儿还有抵触、对家人有敌意等症状外严重的还会有精神分裂、自杀的倾向，可能患有(　　)。

A. 产后抑郁症　　B. 产褥感染　　C. 产后风　　D. 产后风湿

23. 新生儿补充鱼肝油的主要目的是（　　）。

A. 减轻黄疸　　B. 促进食欲　　C. 预防佝偻病　　D. 预防吐奶

24. 在为产妇擦洗会阴时，选取的溶液通常是（　　）。

A. 酒精　　B. 1：5000 高锰酸钾

C. 碘酒　　D. 双氧水

25. 婴儿测量体温，一般测量（　　）。

A. 腋温　　B. 口温　　C. 体温　　D. 肛温

26. 给新生儿抚触不宜选在（　　）。

A. 洗完澡后　　B. 睡前　　C. 饭后一小时　　D. 饭后半小时之内

27. 给婴儿喂奶前，重要的一点是先给婴儿（　　）。

A. 换尿布　　B. 洗脸　　C. 洗澡　　D. 放音乐

28. (　　) 个月大的孩子不但会叫爸爸、产妇、奶奶、爷爷等，还会使用一些单音节动词，如拿、给、打、抱等。

A. 10　　B. 12　　C. 15　　D. 18

29. 如果母乳喂养儿大便出现奶瓣，可建议乳母不要过食（　　）。

A. 牛奶　　B. 水果　　C. 猪脚汤　　D. 蔬菜

30. 患儿，生后 7 天，母乳喂养。吃奶好，皮肤黏膜黄染，应采取的措施是(　　)。

A. 蓝光照射　　B. 口服强的松　　C. 输血浆　　D. 不须处理

31. 对尿布清洗消毒的方法下列哪项正确（　　）。

A. 大小便分开洗，太阳暴晒　　B. 直接用洗衣机洗即可

C. 放在一块洗，洗后直接晒　　D. 清水洗，不用肥皂

32. 新生儿体温调节系统发育不完善，体温容易随外界变化而变化，因此要注意(　　)。

A. 保暖　　B. 冬季保暖、夏季降温

C. 降温　　D. 多穿衣服

33. 护理高热儿，首选应给予（　　）降温，同时送医院诊治。

A. 药物　　B. 开水　　C. 物理　　D. 冷水

34. 关于嘴乳衔接，以下哪项操作方式错误（　　）。

A. 产妇应将乳房凑向婴儿的小嘴

B. 直接用乳头对准婴儿鼻子抚摩，诱导婴儿张大嘴

C. 产妇用手轻轻地抚握其颊部，使婴儿头部靠近乳房

D. 挤点母乳涂放到婴儿唇部

35. 以下哪项说明婴儿正在吸奶（　　）。

A. 婴儿颊部、下巴、耳部出现节律性的协调动作

B. 产妇体验到乳汁从乳头流出的感觉

C. 听到婴儿的吞咽声（或者间断的呛咳声）

D. 以上选项全都是

36. 产妇患哪种疾病仍可哺乳（　　）。

A. 患乙肝

B. 患高血压、糖尿病伴有重要器官功能损害

C. 患有结核病

D. 患轻度乳腺炎

37. 与未哺乳的妇女相比，哺乳期超过25个月的妇女患乳腺癌的概率（　　）。

A. 减少1/3　　B. 稍低一些　　C. 高1/3　　D. 无差别

38. 乳房形状的改变，与下列哪项无关（　　）。

A. 怀孕　　B. 哺乳　　C. 年龄　　D. 胸部整形术

39. 新生儿口腔清洁卫生的重要措施是（　　）。

A. 洗脸和梳头　　B. 洗脸和洗澡

C. 漱口和刷牙　　D. 每次进餐后喂少量温开水

40. 产妇在下列情况下可以喂奶的是（　　）。

A. 高血压　　B. 患有乙肝　　C. 乳头皲裂　　D. 母乳性黄疸

二、判断题（请在题目前的括号内，正确的划"√"，错误的划"×"。每题1分，共40分。）

（　　）1. 高级母婴护理师需要掌握产后修复的常用手法。

（　　）2. 如果是在产妇家提供服务，高级母婴护理师应按照产妇和婴儿的护理要求，提供24小时的专业服务。

（　　）3. 高级母婴护理师对新生儿和产褥期妇女的常见疾病没有观察照顾的责任。

（　　）4. 在客户家提供服务，进入客户卧室时不用敲门。

(　　) 5. 与客户保持良好的沟通和掌握过硬的服务技能一样重要。
(　　) 6. 当婴儿呼吸道感染时也会出现腹泻症状。
(　　) 7. 由于血液循环系统不健全，血液容易淤积于下肢，婴儿会出现上半身发白下半身发红的现象。
(　　) 8. 母乳挤出后可以和配方奶粉掺在一起喂给婴儿。
(　　) 9. 婴儿洗澡时的室温要求25℃～28℃，洗澡前关好门窗，避免对流风。
(　　) 10. 尿布消过毒不需要再晒太阳。
(　　) 11. 婴儿穿得太多可能会引起暂时性的轻微发烧。
(　　) 12. 婴儿的活动多样，其中最基本的活动是睡眠。
(　　) 13. 新生儿24小时尿量在8～10次，通常表示母乳喂养充足。
(　　) 14. 婴儿腹泻应注意多休息、多饮水、饮食清淡、少食多餐、避免腹部受凉等。
(　　) 15. 病理性黄疸大约是10～14天消退。
(　　) 16. 早产儿是指胎龄不满36周就出生的婴儿。
(　　) 17. 如果母乳不足，1岁以内的婴儿也可以直接饮用鲜牛奶。
(　　) 18. 吸吮反射是新生儿的正常生理反应。
(　　) 19. 婴儿患黄疸后，首先变黄的是躯干，其次是脸，最后是手脚。
(　　) 20. 新生儿在安静睡眠阶段不容易被唤醒。
(　　) 21. 分娩结束之后，子宫收缩会马上停止。
(　　) 22. 产妇在产褥期，不管天气多热，都要穿上长衣长裤，以免受风。
(　　) 23. 胎龄在36周以上，不满42周降生的婴儿，属于正常情况，也称正常儿。
(　　) 24. 婴儿尽量母乳喂养是因为这样比较节省开支。
(　　) 25. 婴儿如果在夜间哭闹均属于病态反应。
(　　) 26. 婴儿喜欢吃的食物可多吃，不喜欢吃的可少吃或不吃。
(　　) 27. 6个月的婴儿会翻身并且会伸手拿东西。
(　　) 28. 恶露分为红色恶露、浆液性恶露和白色恶露三个阶段。
(　　) 29. 产妇在生产过程中消耗体力，产后第一天应及时补充高蛋白的食物。
(　　) 30. 新生儿脐带没有脱落也可直接放在浴盆里洗澡。
(　　) 31. 初乳可以帮助胎便和胆红素排出，减轻新生儿黄疸。
(　　) 32. 新鲜水果酸甜可口，能刺激食欲，还有助消化和排便。
(　　) 33. 产妇照顾婴儿要适度，不要过于劳累。当手腕和手指疼痛时一定要休息。
(　　) 34. 催产素是催乳或喷乳反射所必须的荷尔蒙。
(　　) 35. 从理论上讲，产妇的一对乳房能够分泌足够的母乳喂养一对双胞胎。
(　　) 36. 母乳喂养婴儿的正常大便有时也可以见奶块。

(　　) 37. 日光浴应在婴儿空腹或刚进食完后进行。
(　　) 38. 婴儿鼻腔内有鼻屎堵塞会影响含接乳头。
(　　) 39. 一般情况下，纯母乳喂养的新生儿基本不用喂水。
(　　) 40. 剖宫产产妇术后24小时应尽快下床活动，恢复肠胃蠕动。

三、简答题（每题4分，共20分。）

1. 要做到成功有效的沟通，需要做好哪几个方面的工作？

2. 简述婴儿腹泻的护理方法。

3. 简述人工喂养的注意事项（需至少回答出5条）。

4. 纸尿裤的更换方法和步骤是什么？

5. 发生乳房胀痛后的处理方法有哪些？

模拟试题（二）

注意事项：

1. 考试时间：120 分钟。
2. 本试卷共 85 小题，6 页。
3. 考生务必将自己的姓名、考号和所在考区的名称填写在指定位置。
4. 请仔细阅读题目要求，在相应位置填写答案。

一、单选题（每题只有 1 个选项符合题意，请将其代码填写在相应括号中，每题 1 分，共 40 分。）

1. 下列哪一项说法不对（　　）。
   A. 当前，母婴护理市场的收入水平较高
   B. 母婴护理从业人员的服务技能和职业修养还需进一步提高
   C. 市场对高级母婴护理师的需求迅速增长
   D. 因为政策的原因，母婴护理行业的市场前景并不乐观
2. 以下哪种行为是不适当的仪表仪容（　　）。
   A. 指甲干净整齐，不能超过指尖 0.3 厘米
   B. 在室内可以不穿袜子，但必须要穿拖鞋
   C. 每日早晚必须坚持刷牙
   D. 打喷嚏、咳嗽等要用面巾纸捂住口部
3. 当前，母婴行业从业人员（　　）。
   A. 不能提供专业化、规范化的服务
   B. 服务技能和服务素质严重欠缺
   C. 能够完全满足客户的服务需求，不需要再培训
   D. 还需要进一步接受专业培训
4. 肚脐消毒每次至少用（　　）根棉签。
   A. 2　　B. 3　　C. 4　　D. 5
5. 脑脊膜膨出是常见的（　　）发育畸形。
   A. 神经系统　　B. 血液系统　　C. 呼吸系统　　D. 内分泌系统
6. 早产儿由于肝功能不全，出生后酶的发育亦慢，故生理性黄疸（　　）。
   A. 较轻　　B. 较重　　C. 不会发生　　D. 水平不稳定

7. 产妇子宫恢复到未孕前大小需要（　　）。

A. 1～2 周　　B. 3～4 周　　C. 5～6 周　　D. 6～8 周

8. 婴儿一旦出生，（　　）随即发挥作用，乳汁开始分泌。

A. 胰岛素　　B. 孕激素　　C. 雌激素　　D. 催乳素

9. 骨盆底部肌肉群一般需要（　　）才能恢复到孕前的状态。

A. 1～2 周　　B. 3～4 周　　C. 4～6 周　　D. 6～8 周

10. 健康的新生儿出生后数日内可能有乳腺肿大，一般多久后消退（　　）。

A. 2～5 日　　B. 2～3 周　　C. 1 个月左右　　D. 60 天左右

11. 新生儿于 24 小时内出现的黄疸属于（　　）。

A. 生理性黄疸　　B. 病理性黄疸　　C. 延迟性黄疸　　D. 溶血性黄疸

12. 关于患有心脏病的产妇在产后说法错误的是（　　）。

A. 子宫收缩，回心血量增加

B. 孕期组织液吸收，血容量增加

C. 最初 3 天，特别是 24 小时内极易发生心力衰竭

D. 24 小时内极易发生产后出血

13. 以下哪一项不是新生儿特有的生理反射（　　）。

A. 拥抱反射　　B. 吸吮反射　　C. 巴宾斯基反射　　D. 膝跳反射

14. 牛奶喂养婴儿的大便呈（　　）。

A. 淡黄色较干　　B. 蛋花汤样　　C. 绿色便　　D. 泡沫多

15. 剖宫产手术的当日早上应该（　　）。

A. 禁食　　B. 测体温、脉搏及血压、听胎心

C. 取下活动义齿及饰物　　D. 以上各项均是

16. 剖宫产后产妇必须在（　　）内禁止进食。

A. 24 小时　　B. 12 小时　　C. 6 小时　　D. 10 小时

17. 下面哪种水果具有补血作用（　　）。

A. 葡萄　　B. 香蕉　　C. 梨　　D. 橘子

18. 产妇产后禁止重体力劳动、久站是为了预防（　　）。

A. 受凉　　B. 子宫脱垂　　C. 腰痛　　D. 关节痛

19. 剖宫产产妇一般于产后（　　）可以洗浴。

A. 3 天　　B. 6 天　　C. 8 天　　D. 10 天

20. 产后瘦身的饮食误区不包括（　　）。

A. 高纤维食品摄入太少、烦躁和饥饿

B. 不吃早餐、长期使用固定食谱

C. 合理运动，合理食用高脂肪食物

D. 缺钙饮食、以药物代替天然食品

21. 引起产妇情绪不稳定的原因是（　　）。

A. 雌激素水平升高　　B. 雌激素水平下降

C. 雌激素和孕激素水平升高　　D. 雌激素和孕激素水平下降

22. 新生儿的（　　）是衡量生长发育与营养吸收程度的重要标志。

A. 体重　　B. 身高　　C. 头围　　D. 胸围

23. 做婴儿操的时间应选择在（　　）。

A. 喂奶前　　B. 喂奶后　　C. 空腹时　　D. 临睡前

24. 如果婴儿的粪便有硬块，且臭味特别重，怀疑（　　）。

A. 乳母摄入糖分过多　　B. 婴儿吃不饱

C. 母乳中蛋白质过多　　D. 母乳中脂肪过多

25. 产妇因疾病或其他原因不能哺乳的，应做退奶处理，退奶期间不应（　　）。

A. 限进食汤类　　B. 排空乳房

C. 停止哺乳和挤奶　　D. 束紧乳房

26. 因为（　　），所以婴儿易兴奋易疲劳。

A. 婴儿的神经细胞缺乏髓鞘

B. 大脑皮层发育不完善，抑制过程形成较慢

C. 小脑发育晚

D. 植物神经发育晚

27. 新生儿漾奶是什么原因造成的（　　）。

A. 右侧卧位睡姿　　B. 幽门括约肌发育不良

C. 贲门括约肌发育不良　　D. 贲门括约肌发育良好

28. 下列婴儿搂抱方法中哪项不正确（　　）。

A. 可以摇晃，婴儿会喜欢

B. 大于 3 个月的婴儿，可以直立抱

C. 身体呈一条直线

D. 放下婴儿前必须先牢牢支撑婴儿脖子和臀部

29. 下列关于产妇护齿的说法，哪项不正确（　　）。

A. 刷牙时要用温热水刷　　B. 产妇应经常叩齿

C. 做到饭后漱口　　D. 刷牙时应只刷外面不刷里面

30. 产妇身体的评估包括（　　）。

A. 产妇的体温、血压和脉搏等情况

B. 观察恶露处于什么阶段

C. 乳房外观是否正常、乳头是否突出、乳汁是否充足

D. 以上三项全是

31. 下列对虾的说法，不正确的是（　　）。

A. 性寒　B. 有通乳功效　C. 含高蛋白　D. 可滋补

32. 以下哪种食物性温（　　）。

A. 黄瓜　B. 燕麦　C. 苦瓜　D. 绿豆

33. 母乳喂养的正确姿势不包括（　　）。

A. 握头交叉环抱式　B. 橄榄球式　C. 斜抱式　D. 扶腰臀侧卧式

34. 世界卫生组织建议母乳喂养应持续（　　）。

A. 4 个月　B. 6 个月　C. 12 个月　D. 24 个月

35. 乳腺炎产妇可以食用（　　）。

A. 猪蹄汤　B. 鲫鱼汤　C. 鸽子汤　D. 小米粥

36. 产妇食用以下哪种食物不影响婴儿的生长发育（　　）。

A. 味精　B. 水果　C. 咖啡　D. 茶

37. 以下哪项是母乳喂养对新生儿的好处（　　）。

A. 母乳是天然的营养食品，卫生，喂养方便，适合婴儿各阶段生长发育的需要

B. 母乳经济实惠，帮助产妇产后体型恢复

C. 可以促进婴儿大脑发育、增加免疫力

D. 母乳对婴儿心理发育有好处、可以增进母子感情

38. 判断母乳充足的标准之一是新生儿安静睡眠（　　）分钟以上。

A. 5　B. 15　C. 20　D. 30

39. 母乳喂养的“三早”不包括（　　）。

A. 早断奶　B. 早接触　C. 早吸吮　D. 早喂养

40. 午夜或者需要休息时，以下哪种哺乳姿势最适合（　　）。

A. 橄榄球式　B. 扶腰臀抱篮式

C. 扶腰臀侧卧式　D. 握头交叉环抱式

二、判断题（请在题目前的括号内，正确的划“√”，错误的划“×”。每题 1 分，共 40 分。）

（　　）1. 对婴儿轻柔的爱抚，不仅仅是皮肤间的接触，更是一种爱的传递。

（　　）2. 游泳能有效促进婴儿大脑和神经系统的发育，激发婴儿潜能，为提高智商和情商打下良好基础。

（　　）3. 高级母婴护理师除了需要掌握一定的产妇和新生儿的护理理论知识外，还应对他们进行生活方面的全方位照护。

（　　）4. 58 周岁以下的无业妇女均可从事母婴护理师的工作。

（　　）5. 高级母婴护师应做到：微笑服务、规范服务、即时服务、个性化服务和满

意服务。

(　　) 6. 婴儿的玩具不用清洗消毒。

(　　) 7. 婴儿摄入鱼肝油及 AD 滴剂过量会中毒。

(　　) 8. 婴儿出现急而大声地哭闹，可能是急性腹痛。

(　　) 9. 新生儿长马牙是正常现象，无需挑破治疗可自行消失。

(　　) 10. 婴儿日光浴只要阳光充足即可。

(　　) 11. 新生儿常见护理问题是：发热、咳嗽、腹泻、呕吐、漾奶。

(　　) 12. 给婴儿做抚触时，若其哭闹，应停止操作。

(　　) 13. 婴儿入睡后大汗淋漓、睡眠不安、出牙晚、囟门闭合迟等症状可能是患上了佝偻病。

(　　) 14. 婴儿睡眠以右侧位为好，可以预防吐奶，避免心脏受压。

(　　) 15. 正确的哺乳姿势为胸贴胸、腹贴腹、下颌贴乳房。

(　　) 16. 出生时有缺陷的婴儿称为先天性异常儿。

(　　) 17. 早产儿在不能自行吸吮时应用小勺滴管喂食。

(　　) 18. 脐炎的新生儿脐部护理必须严格无菌操作。

(　　) 19. 新生儿由于神经系统发育不完善，受冷空气刺激就会打嗝。

(　　) 20. 产后抑郁症是一种常见的表现，无需重视。

(　　) 21. 产后 12 小时内，有些产妇可能出现体温升高，但不超过 38℃。

(　　) 22. 新生儿湿疹可以用冷湿敷方法处理。

(　　) 23. 新生儿结膜炎是出生时感染所致，不需要治疗。

(　　) 24. 产妇血压下降属于正常的生理现象。

(　　) 25. 给新生儿洗澡时，应把婴儿先放入盆中再放水。

(　　) 26. 婴儿睡觉时不可含着乳头睡觉，以预防乳头皲裂。

(　　) 27. 产妇易出汗，因此应经常淋浴换衣，并少食多餐。

(　　) 28. 剖宫产产妇在排气之前应吃流质食物，包括牛奶、豆浆。

(　　) 29. 包裹尿布时，不要将尿布盖住小儿脐部。

(　　) 30. 药膳具有药食同补的功效，母婴护理师应尽量应用。

(　　) 31. 剖宫产后产妇即可下地活动，并吃东西。

(　　) 32. 爽身粉如果太厚，粉质就会和汗液混合而结成块儿，反倒对婴儿的薄嫩的皮肤有刺激。

(　　) 33. 因失血过多，产妇产后需多吃富含铁质的食物补血。

(　　) 34. 产妇产后阴道伤口没有愈合好的不可以做游泳锻炼。

(　　) 35. 孕妇术前 6 小时要求禁食，所以在此前要多吃以免挨饿。

(　　) 36. 产妇产后睡板床或较硬的棕床有利于其产后恢复，避免骨盆损伤。

(　　) 37. 产妇在产褥期也应经常洗头、梳头，以保持头发的清洁卫生，促进局部血液循环。

(　　) 38. 乳头皲裂的产妇哺乳时，应先喂健侧，再喂患侧。

(　　) 39. 十字牵拉法可以治疗乳头凹陷。

(　　) 40. 产后第一天如果产妇身体虚弱或伤口疼，可以采取侧卧位喂奶。

三、简答题（每题 4 分，共 20 分。）

1. 简述婴儿的口腔护理方法。

2. 早产儿出院后应注意如何护理？

3. 产妇的体温、脉搏、呼吸和血压分别有何特点？

4. 请列举乳房胀痛的护理方法。

5. 产后健身运动应遵循什么原则？

附录 参考答案

第一章 参考答案

一、判断对错题

1. √ 2. × 3. √ 4. √ 5. × 6. √ 7. √ 8. × 9. √ 10. √

二、单项选择题

1. A 2. A 3. D 4. C 5. D 6. D 7. B 8. D 9. C 10. A

三、问答题

1. 答：高级母婴护理师是具备一定的理论知识水平、积累较多服务经验，具备较高的职业道德水平，经过深度培训，具备了较高的服务技能的专业母婴护理人员。其服务对象主要是一些追求高品质服务的产妇和新生儿，也可以是身体状况欠佳，需要特殊照顾的产妇或新生儿。

2. 答：高级母婴护理师应具备良好的服务意识和职业道德水平；掌握一定的产妇和新生儿护理理论知识和较多的妇女产后恢复的服务技能，对产褥期妇女营养需求有较好了解；能根据产褥期妇女和新生儿的生理特点及生活需求，熟练地进行生活方面的全方位照护和护理；善于对产妇和新生儿常见疾病或常见异常情况进行妥善处理；善于根据产妇的身体情况，搭配和制作各种营养食谱。

3. 答：（1）产妇和新生儿的生活起居照顾，包括：换洗、清洁、饮食、喂养和安抚。

（2）产妇常规营养餐的制作。

（3）正确母乳喂养方法的指导。

（4）对产妇乳房实施护理，并正确指导保养方法。

（5）产妇及新生儿常见疾病的观察和辨别，并作出正确处置。

（6）产妇常规保健按摩及护理，指导产妇练习产后操。

（7）新生儿游泳、抚触、新生儿脐带消毒。

（8）早教及安抚婴儿。

（9）产妇心理疏导及诱导。

（10）对需要用药的产妇，督导按时服药及就医。

4. 答：服务场所一般为产妇家中、月子会所、月子中心或其他月子服务机构。目前大多数情况下，母婴护理师是以上门服务的形式为客人提供服务。随着社会的进步，各种形式的专业月子服务机构越来越多，这些专业的月子服务机构或将是未来对职业高级母婴护理师需求的主要场所。

5. 答：护理时间可以根据产妇的生活习惯及身体状况，或者根据服务场所而定。

（1）如果在产妇家里提供服务，应按照产妇及婴儿的护理需求，提供24小时的专业服务。

（2）如果在专门的月子会所，其服务时间则应根据会所的服务级别和服务程序来定。

第二章　参考答案

一、判断对错题

1. √　2. ×　3. ×　4. √　5. √　6. √　7. √　8. √　9. ×　10. √

二、单项选择题

1. A　2. B　3. C　4. A　5. B　6. D　7. D　8. C　9. B　10. A

三、问答题

1. 答：高级母婴儿护理师必须具备以下条件：

（1）身体健康，富有爱心和耐心，无不良习惯，不吸烟，吃苦耐劳。

（2）年龄在55周岁以下的女性，愿意从事母婴护理行业，为人正直，心地善良，无不良记录。

（3）具备大专（或相当于大专）以上文化程度，有一定的学习和理解能力，有很好的动手操作能力。

（4）具备城市生活必需的生活技能。

（5）具备一定实践经验，会根据不同阶段的产妇制订合理的月子膳食计划，具备对产妇和新生儿常见疾病的观察和预防能力，具备经络理论基础知识，能熟练地为产妇及新生儿进行一些常规的保健按摩。

2. 答：母婴护理人员的职业道德规范主要包括以下方面：

（1）遵守法律法规，遵守社会公德，遵守公司的各项规章制度。

（2）讲信誉，重承诺，守信用，努力用自己的一言一行真诚服务，赢得客户的信任。

（3）爱岗敬业，尽职尽责，提供主动、热情、耐心、周到的服务，维护公司的良好形象。

（4）努力学习科学护理的相关知识，不断提高业务水平和服务质量。

（5）讲究文明礼貌，尊重客户，不擅自动用贵重物品，不提过分要求，不打听和泄露客户隐私。

(6) 杜绝不良习惯和行为，不做非分之事和有悖道德规范之事，对于工作中的失误，要勇于承担责任。

3. 答：(1) 服务意识。服务意识体现在必须严格按照企业有关规定履行岗位职责，规范操作。在仪容仪表、行为举止、言谈称呼、服务操作等方面做到位。认真倾听客户的意见，按客户的需求，向客户提供所需要的服务。

(2) 客户意识。要具有客户意识，必须了解客户的真正含义。要认识到“客户就是衣食父母”，并从这个意义上理解自己所从事的工作的价值和工作责任。只有在任何时候、任何场合都能为客户着想，其所提供的服务才会周到、贴心。

(3) 质量意识。服务质量的内涵是指其在相应的工作范围内、相对的工作时间内完成服务工作的质量，具体包括：服务技能、护理知识、沟通技巧等。服务质量的特征，体现在以下几个方面，即功能性、安全性、时间性、舒适性、文明性、满足性。

(4) 信誉意识。信誉就是生命。对于母婴护理工作来说，信誉来自母婴护理人员的一言一行、一举一动、仪容仪表、服务程度和服务态度等方面。母婴护理人员的主要工作就是为客户提供舒适、便捷、安全、卫生、丰富的服务，最大限度地满足客户的需求。满足的程度越高，信誉程度就越好。

4. 答：高级母婴护理师的服务要求主要有微笑服务、规范服务、即时服务、个性化服务和满意服务。

(1) 微笑服务。真诚、热情，用情感与客人交流；微笑可以让本来容易产生抑郁情绪的产妇在精神上得以放松，从而跟护理人员更加融洽，交流起来没有障碍。

(2) 规范服务。作为高级母婴护理师，首先必须从专业化的角度掌握各种作业规范和流程，对每项服务的动作及语言都要按照规定的标准来执行。

(3) 即时服务。对服务提供的最佳时机作出准确判断，力求客户有需求但还未提出时即可感知，并提供服务。做客户之所需甚至是做客户之所想，是指当客户需要服务的时候能及时提供服务，当客户可能需要服务的时候，能为客户想到要提供服务。

(4) 个性化服务。针对不同客户不同的需求，创造性地提供相应的服务，这是服务专业化的具体体现。服务必须根据产妇及婴儿的具体情况，有针对性地提供相应的服务，而不只是按照僵硬的程序来提供服务。

(5) 满意服务。倡导两个“在”：当客户不需要服务时“感觉自由自在”；当客户需要服务时“服务无处不在”。这是“无声服务”和“有声服务”两者的合理运用，让客户时刻感受到服务恰到好处，是站在顾客需求的角度提供其满意的服务内容。

5. 答：(1) 提高自身素质。首先应该从自身的基本素质做起，学会文明用语，礼貌待人，做一名有素质的公民。

(2) 给客户一个非常好的第一印象。首先，穿戴要得体大方，符合职业习惯。其次，要用非常平和的语气跟客户打招呼，表现出自己应有的外在礼貌和内心的自信。最后，举止得体。到客户家要仔细倾听客户的要求，然后作出合适的回答。

（3）拥有良好的心态。工作过程中，要保持良好的心态愉快地工作。要做到愉快工作，首先要调适自己的社会心态。其次，要调整自己在工作中的心态。

（4）同理心。新生命的降临，会给整个家庭都带来欢乐，但也会有一大堆新的工作随之而来，平稳有序的生活也会被打乱。作为高级母婴护理师，应该在力所能及的情况下，尽量为客户解决实际问题。

（5）四“多”、两“少”沟通方法。“四多”：多听；多问；多用乐观的语调；多用非语言沟通。“两少”：少用“我”字。在与客户沟通过程中，一般不过分强调“我”，以免引起客户的反感。最好多用“我们”“咱们”等，尽量缩短与客户的心理距离。少反驳客户的意见，要尊重客户的观点。

第三章　参考答案

一、判断对错题

1. √　2. √　3. ×　4. √　5. √　6. √　7. √　8. √　9. √　10. ×
11. ×　12. √　13. √　14. √　15. √　16. ×　17. √　18. ×　19. ×　20. ×
21. √　22. √　23. ×　24. ×　25. √　26. √　27. ×　28. √　29. √　30. √
31. ×　32. √　33. √　34. ×　35. ×　36. √　37. √　38. √　39. √　40. ×
41. √　42. √　43. √　44. √　45. ×　46. √　47. √　48. ×　49. ×　50. ×
51. √　52. √　53. √　54. √　55. √　56. √　57. ×　58. √　59. ×　60. ×
61. ×　62. √　63. √　64. √　65. √　66. √　67. √　68. √　69. ×　70. √
71. ×　72. √　73. ×　74. √　75. ×　76. √　77. √　78. √　79. √　80. √

二、单项选择题

1. B　2. A　3. A　4. D　5. A　6. C　7. A　8. B　9. A　10. B
11. B　12. B　13. B　14. D　15. C　16. B　17. D　18. D　19. B　20. B
21. A　22. D　23. C　24. A　25. B　26. B　27. C　28. A　29. D　30. C
31. A　32. A　33. D　34. D　35. B　36. C　37. A　38. D　39. A　40. D
41. A　42. C　43. D　44. B　45. D　46. D　47. C　48. B　49. B　50. A
51. A　52. C　53. C　54. B　55. C　56. A　57. A　58. C　59. B　60. B
61. C　62. C　63. D　64. C　65. A　66. B　67. B　68. D　69. C　70. D
71. C　72. D　73. A　74. A　75. A　76. A　77. C　78. B　79. D　80. A
81. B　82. A　83. B　84. A　85. C　86. D　87. D　88. A　89. B　90. A

三、问答题

1. 答：对新生儿有多种分类方法，其中有两种重要的分类方法，即根据胎龄分类和根据体重分类。

（1）根据胎龄不同，将新生儿分为足月儿和早产儿。足月儿：指胎龄大于37周小于42周（260~293天）的新生儿。早产儿：指胎龄大于28周小于37周（196~259天）的婴儿。

（2）根据体重不同，可分为以下几类。低出生体重儿：指出生时体重不足2500克的小儿（不论是足月还是过期产儿），其中大多数为早产儿。体重不足1500克者又称极低体重儿，不足1000克者称超低体重儿或微小儿。正常体重儿：指体重为2500~3999克的新生儿。巨大儿：指出生体重超过4000克的新生儿。

2. 答：（1）母乳量充足，喂哺时可听到婴儿吞咽乳汁的声音，婴儿吃饱后自己会吐出乳头。

（2）哺乳前乳房有胀感，哺乳时有下乳感，哺乳后有松软感。

（3）婴儿睡眠时间可长达3小时以上，比较有规律、少哭闹。

（4）尿量多，几乎一天排尿在6次以上，甚至更多，尿液清淡、微黄。

（5）体重不断增加（每日增重30克以上）。

3. 答：（1）干燥型。表现为红色丘疹，可有皮肤红肿，丘疹上有糠皮样脱屑和干性节痂现象，很痒。

（2）脂溢型。表现为皮肤潮红，小斑丘疹上渗出淡黄色脂性液体覆盖在皮疹上，以后结成较厚的黄色痂皮，不易除去，以头顶及眉际、鼻旁、耳后多见，但痒感不太明显。

（3）渗出型。多见于较胖的婴儿，红色皮疹间有水疮和红斑，可有皮肤组织肿胀现象，很痒，抓挠后有黄色浆液渗出或出血，皮疹可向躯干、四肢以及全身蔓延，并容易继发皮肤感染。

4. 答：（1）保持新生儿皮肤清洁，不要用碱性肥皂或过热的水为新生儿洗澡。

（2）尽量采用母乳喂养，母乳喂养时，产妇要注意饮食。

（3）新生儿尽量穿柔软透气的棉布料，避免选用化纤制品和深颜色布料。

（4）避免孩子过胖，褶皱多，患湿疹可能性大。

5. 答：（1）新生儿胃肠道发育不够成熟，消化能力差，免疫功能低，同时，新生儿生长发育迅速，食量增加快，营养需求高，胃肠道负担重，因此容易发生消化不良。

（2）人工喂养中，奶量增加太多或突然从母乳喂养改为人工喂养，外部环境过热、过冷，都会引起肠道功能紊乱而致消化不良。

（3）对牛奶过敏。

6. 答：（1）及时调整喂奶量，在一两天内减少每次喂奶量。

（2）尽量母乳喂养，混合喂养的暂时改为单纯喂养。

（3）做腹部抚触。

（4）给婴儿服用益生菌。

7. 答：（1）在腹泻时，无论病情轻重，都不应添加新的辅食。

（2）病情较重时，还应暂时停止喂牛奶等主食。禁食时间一般为6~8小时为宜，最长不能超过12小时。

（3）禁食期间，可用胡萝卜汤、苹果泥、米汤等来喂婴儿，以补充无机盐及维生素，这些食物易于消化，能减轻肠胃的负担。

（4）注意充分补充水分，一般婴儿都可以安全度过腹泻期。如果婴儿腹泻不太严重，只需饮食调整即可得到矫正。

8. 答：（1）足月儿生理性黄疸在出生后2~3天出现，程度较轻，4~6天为高峰，7~10天开始消退，14天完全消失。早产儿生理性黄疸较足月儿多见，于生后24小时内出现，程度较重，消退较慢，一般长于3周。

（2）生理性黄疸轻者呈浅黄色，局限于面颈部，或波及躯干，巩膜亦可出现黄染，黄疸色泽轻者呈浅黄色，重者颜色较深，但皮肤红润，黄里透红。黄疸部位多见于躯干、巩膜及四肢近端，一般不过肘膝。

9. 答：（1）新生儿脐部护理时，必须严格无菌操作。

（2）保持脐部清洁与干燥，勤换尿布，防止尿液浸湿脐部。

（3）不可使用龙胆紫、红汞等有颜色的药物；避免粉末状异物污染脐部。

（4）若发生脐炎应及时就医。

10. 答：（1）尿布要选柔软的，吸水性强的纯棉制品。

（2）大小便后要用流水清洗臀部。

（3）勤换尿布。

（4）如发生轻度红臀，让臀部充分暴露在空气中或阳光下，每日2~3次，每次10~20分钟，再涂抹上植物油。

（5）要是有继发细菌感染，可以用1：5000高锰酸钾溶液冲洗，吸干，然后涂上1%~2%的龙胆紫溶液。

11. 答：鹅口疮用药后即可见效，但很容易复发，所以要巩固治疗，一般用药2~3天见效，应再巩固用药3~4天，总疗程1周，以后复发的可能性就会小了。

（1）注意观察口腔，看到口腔内有白色凝乳状物，要区分是奶液残留还是鹅口疮。

（2）母乳喂养前一定要清洗奶头。

（3）制毒菌素鱼肝油，制毒菌素混合液涂口腔，1天3~4次，同时涂产妇乳头（哺乳前洗掉）。

（4）人工喂养奶具消毒要彻底。

（5）3%的碳酸氢钠涂患处。

（6）少量多次饮水。

（7）护理人员的手要洗干净。

12. 答：（1）配乳及哺乳前必须洗净双手，奶粉配置必须用开水。

（2）特别注意奶瓶、奶嘴、匙、碗、杯等食具的消毒，要按照器具的消毒说明操作。

（3）奶粉要在每次喂奶前现调，浓度要适当。

（4）加热的牛奶应立即食用，剩余的牛奶不能再喂。

（5）如果婴儿一吃奶就哭或者就睡，要检查一下奶嘴的孔是否太小或者堵塞。

（6）婴儿吃奶应在 20 分钟之内完成。

13. 答：（1）在喂婴儿喝奶之前，将配方奶温热，或用热水冲一下奶瓶，或将奶瓶放在热水中泡一会儿。不要用微波炉加热。但必须要记得，在将奶瓶放入婴儿的口中时，再次滴几滴在你的手腕内侧部试试温度，确保奶温热。

（2）喂奶前，让产妇先将婴儿轻柔地抱起，解开或掀起上衣，让婴儿贴近产妇的胸，让婴儿和产妇充分享受肌肤之亲。产妇要望着婴儿的眼睛，在用奶瓶喂婴儿之前，轻柔地和婴儿说话、微笑，这些都有助于增进婴儿和产妇之间的感情。

（3）在喂奶时注意保持奶瓶倾斜，让奶嘴中充满奶，这样婴儿就不会吸到空气了。

（4）喂奶时，让婴儿在护理人员的怀抱里稍稍倾斜。如果婴儿平躺着，会造成吞咽困难，甚至可能被呛着。

（5）当婴儿吃够了奶以后，护理人员要将婴儿竖起，婴儿头靠在护理人员肩部，轻轻地拍拍婴儿的背部，帮助婴儿排放在吃奶过程中进入胃里的气体，防止婴儿胀气和漾奶。

14. 答：（1）煮沸消毒法，是指将奶瓶和其他喂奶的工具放入一口深锅中，使工具完全浸在水中，然后煮沸 10 ~ 15 分钟。

（2）用消毒剂消毒。将奶瓶和其他喂奶的工具放入一个大的容器中，加水盖过其高度，放入消毒剂（固体或液体均可），然后浸泡 30 分钟。

（3）蒸汽消毒机消毒。这是一种电动设备，只需加入水就可产生足够的蒸汽来为奶瓶消毒，大约需要 10 分钟。

（4）微波消毒装置。这是一种特别设计的、可放入微波炉的蒸汽装置。消毒大约需要 5 分钟。但使用前必须先确定奶瓶和其他工具可以用微波消毒，方可运用。

15. 答：（1）满月婴儿对产妇说话的声音很熟悉，听到陌生的声音会吃惊，听到过大的声音会感到害怕。因此要给婴儿听一些轻柔的音乐或歌曲，说话、唱歌的声音也要悦耳。

（2）这时期的婴儿喜欢周围的人和他说话，没人理他的时候会感到寂寞而哭闹。

（3）皮肤感觉能力比成人敏感得多，有时家长不注意，把一根头发或其他东西放到婴儿身上刺激了皮肤，他会全身左右乱动或哭闹表示很不舒服。

（4）对过冷过热都很敏感，以哭闹对大人表示自己的不满。两只眼睛的运动还不够协调，对亮光和黑暗环境都有反应。

（5）很不喜欢苦味和酸味的食品，如果给他吃，他会表示拒绝。

第四章　参考答案

一、判断对错题

1. √	2. √	3. √	4. √	5. ×	6. ×	7. ×	8. ×	9. √	10. ×
11. ×	12. √	13. √	14. √	15. ×	16. √	17. ×	18. √	19. √	20. √
21. √	22. √	23. ×	24. √	25. √	26. √	27. ×	28. ×	29. √	30. √
31. √	32. √	33. √	34. ×	35. √	36. ×	37. √	38. √	39. √	40. ×
41. ×	42. ×	43. ×	44. ×	45. ×	46. √	47. ×	48. √	49. ×	50. √
51. √	52. ×	53. ×	54. √	55. √	56. √	57. √	58. √	59. √	60. ×
61. ×	62. √	63. ×	64. √	65. √	66. √	67. √	68. √	69. √	70. √
71. ×	72. ×	73. √	74. ×	75. √	76. ×	77. √	78. ×	79. √	80. ×

二、单项选择题

1. B	2. C	3. D	4. C	5. C	6. D	7. D	8. B	9. A	10. C
11. D	12. C	13. B	14. D	15. B	16. D	17. C	18. D	19. C	20. A
21. D	22. D	23. C	24. C	25. D	26. C	27. D	28. D	29. C	30. D
31. D	32. A	33. B	34. A	35. A	36. A	37. A	38. A	39. C	40. B
41. D	42. B	43. D	44. A	45. A	46. C	47. A	48. C	49. C	50. A
51. A	52. D	53. A	54. C	55. A	56. D	57. B	58. A	59. D	60. D
61. D	62. B	63. C	64. A	65. B	66. C	67. B	68. A	69. A	70. A
71. D	72. A	73. D	74. C	75. C	76. B	77. A	78. B	79. B	80. A

三、问答题

1. 答：抱新生儿的方法大都采用手托法和腕抱法两种。

（1）手托法。用左手托住婴儿的背、脖子、头，右手托住孩子的屁股和腰部。

（2）腕抱法。轻轻地将孩子的头放在左胳膊弯中。左小臂护孩子的头，左腕和左手护背和腰部。右小臂护孩子的腿部，右手护孩子的屁股和腰部。用这种方法抱，手和手腕牢牢地支撑住孩子的脑袋，使孩子的脑袋不至于前俯后仰。

2. 答：（1）将胸前开口的衣服打开，平放在床上。

（2）让婴儿平躺在衣服上，成人的一只手将婴儿的手送入衣袖，另一只手从袖口伸进衣袖，慢慢将婴儿的手拉出衣袖。对侧同样方法。

（3）把穿上的衣服拉平，系上系带或扣上纽扣。

（4）穿裤子的方法，成人的手从裤管中伸入，拉住婴儿的脚，将裤子向上提，可将裤子穿上。

（5）穿连身衣时，先穿裤子，再穿上衣。

3. 答：一般来讲，婴儿的睡眠姿势可分为三种，即仰卧、俯卧和侧卧，三种姿势各有利弊。

（1）仰卧的睡眠姿势为大多数人接受，因为这种睡姿婴儿的头可以自由转动，呼吸也比较顺畅，同时，父母可以随时观察到婴儿的面部表情，体重对内脏的压力也小。但仰卧有两个缺点，一是头颅容易变形，几个月后婴儿的头枕后部可能会睡得扁扁的，这与长期仰卧睡有一定的关系。二是当婴儿吐奶时容易呛到气管内。

（2）采取侧卧睡姿的婴儿，最好采用右侧位，能避免心脏受压，又能预防吐奶，特别是刚吃完奶后婴儿更应右侧卧，有利于胃内食物顺利进入肠道。但也不能始终朝一侧睡，应该给新生儿经常调整左右方向，以免发生脸部两侧发育不对称的现象。

（3）俯卧睡是国外特别是欧美国家常常采取的姿势，他们认为俯卧时婴儿血氧分压比仰卧时高 5～10 毫米汞柱，这就是说俯卧时肺功能比仰卧时要好。另外婴儿吐奶时不会呛到气管内，头颅也不会睡得扁平。这种睡姿的缺点是因为婴儿还不能自己抬头，俯卧睡时容易把鼻口堵住。因此采取俯卧的睡姿时，父母一定要随时观察婴儿的情况，避免发生意外窒息。

4. 答：（1）人工喂养的大便呈浅黄色较干，有奶瓣，每天 1～2 次。

（2）母乳喂养的大便呈金黄色黏稠状，每天 2～4 次，也有的多达 7～8 次。

（3）奶中多糖的大便呈黄绿色泡沫，酸味重、腹胀、哭闹。

（4）进食量不足呈黄绿色黏液状，量少数多，婴儿爱哭闹不睡大觉，大便干燥。

（5）肠道感染的大便呈蛋花汤样，有黏液，腥臭味，婴儿情绪不佳，应及时就医。

5. 答：（1）尿布的选择。尿布有长方形、三角形、蝴蝶形三种，无论哪种都应该选择质地柔软、透气、浅色、纯棉的面料，长宽一般为 75 厘米左右，在沸水中煮 10 分钟，晾干备用。

（2）尿布的清洗。有小便的尿布，放入清水内冲洗干净后再消毒。有大便的尿布，先用流动的水将大便冲净，及时打上透明皂，15 分钟后清洗消毒。

（3）尿布的消毒。可使用消毒液、水煮、消毒紫外线、消毒微波炉给尿布消毒。或水中放入白醋、盐少许，浸泡 15 分钟后，清水冲洗干净，太阳照射备用。

6. 答：（1）准备好纸尿裤。有印花腰贴的是纸尿裤的背面。打开纸尿裤，让内侧的立体护围直立起来。打开纸尿裤的时候不要碰到内面，以免交叉感染，并确认一下护围是不是立着的。

（2）把纸尿裤放在婴儿屁股下。手放到小屁股下，将小屁股稍微抬起，把纸尿裤垫在下面。后片的纸尿裤要插入腰部比较高的位置。将前片提起，用纸尿裤的中间部分把小屁股包起来，注意两腿的边上也不要有缝隙。

（3）固定腰贴。将包在婴儿肚皮上的纸尿裤前片用一只手固定好，注意不要弯折，把两侧搭带拉过来，左右对称地贴好。松紧以肚皮和纸尿裤之间伸入一个指头感觉有一点点紧为宜。注意点：贴搭带的时候，要先贴好一边再贴另一边，在贴另一边的时候把两个手指放进去贴在手上，不要压到婴儿肚脐上。

（4）整理立体护围、褶边和松紧度。纸尿裤穿好以后，将大腿周围的褶边捏起来，看一看确认里面的立体护围是否直立着。正确帮婴儿换纸尿裤的要点是“一根手指”的松紧度，还要注意婴儿吃饱和没有吃饱的松紧度。

7. 答：（1）观察新生儿脐带颜色的变化。婴儿出生后 24 小时脐带断端会有点潮湿，呈蓝白色，随着血管的坏死和空气的风干，脐带会变成实心的褐色条带。

（2）脐带脱落前的清洁和消毒。婴儿出生 24 小时后可打开敷在脐部的消毒纱布，检查脐带断端是否正常，有没有红肿或感染，脐带脱落前尤其应注意以下几个方面。①如正常可用 75% 的酒精棉球在脐部周围给皮肤进行消毒，每次至少 3 根棉签。②如脐窝部有红色，可用 20% 碘酒消毒，然后用 75% 的酒精脱碘，保持脐部的干燥（每天一次）。③除掉脐部的纱布后，一定要勤换内衣，尿布不要盖在脐上，以防止粪便的感染，发生脐炎。④洗澡或更换尿布时，要避免洗澡水或者粪尿接触到脐部。⑤不要用纱布覆盖脐部，保持干燥。

（3）观察脐带脱落后脐部是否有异常。婴儿脐带正常脱落后，应注意观察有没有在脐带部鼓起一个大包，里面充满了气体，俗称“气肚脐”。每当哭闹时，气包鼓起来胀得很大，也称为“脐疝”。此时应注意保持婴儿的情绪稳定，尽量不让婴儿哭闹，按时喂奶，注意保暖，让婴儿始终觉得舒适安全。

（4）要穿柔软的服装，避免衣服与肚脐发生摩擦，擦伤肚脐。

8. 答：（1）多喝白水或者 10% 的葡萄糖水。

（2）可适量吃些“妈咪爱”，帮助消化，目的是让婴儿多吃多喝多排。

（3）尽量多给婴儿晒太阳，进行日光浴，注意婴儿眼睛不能直接对着阳光。

（4）可使用茵栀黄等药物排黄（在医生的指导下用药）。

（5）在医院照蓝光进行治疗。

9. 答：新生儿的哭闹主要是围绕着吃喝拉撒睡穿这几个方面，而且是经常发生，要正确分析解决，在婴儿的哭声中总结经验，逐渐掌握不同的哭声代表的意义。

（1）排便后哭闹。当孩子哭闹时应首先检查是否排便，如果尿布尿湿或有大便，应及时更换干爽尿布。

（2）喂奶时哭闹。喂奶时孩子反复避开奶头，且边吃边哭，可能是乳汁过急（冲）所致。可挤出少量乳汁后再喂，或选用小流量奶嘴。

（3）奶水不足的哭闹。这种情况一般发生在喂奶前，声音洪亮、短促，有规律，常伴吸吮动作，这时应及时哺乳。

（4）新生儿穿衣不合适引起的哭闹，热了、凉了或者衣服太紧等都可能导致哭闹，应注意室内温度，并适当增减孩子的衣服和被褥。

（5）婴儿想睡觉时也会哭闹。孩子睡眠时应保持环境安静，将灯光调暗。

（6）需要爱抚的哭闹。醒着的婴儿长时间得不到爱抚时也会哭闹，这种哭闹声音小，断断续续。应在孩子觉醒状态时，多抚摸、搂抱他，多跟他说话，这样可促进婴儿心理发育。

（7）难以控制的哭闹。孩子一天中总有一个“很挑剔”的时期，这时试着和他玩耍、唱歌、说话、轻摇他和散步，有时会有效。不过，有时你怎么做都不能安慰他。许多孩子不哭闹就不能入睡，那就让他独处或哭闹一会儿，就会很快入睡。

（8）新生儿生病时如感冒鼻塞、发热、腹泻等都会哭闹，这时哭声调高、剧烈，应及时到医院就诊。

10. 答：新生儿的口腔黏膜很细嫩，血管丰富，容易损伤。千万不能用纱布擦拭，以防因口腔黏膜破溃造成严重感染。“鹅口疮”是新生儿时期的常见病，但若能做到以下几点是可以避免的。

（1）母乳喂养：应保持乳房特别是乳头清洁，哺乳结束时，挤出少许乳汁，涂在乳头部，待其自然干燥，乳汁有抑菌作用，可避免感染。

（2）需用奶瓶喂养时，每次奶头、奶瓶用后，以清水冲洗干净，煮沸消毒后待用。盛奶头的容器应每天更换、刷洗、消毒。所有接触小儿口腔的物品，如覆盖奶头的手帕、喂奶时嘴边垫用的毛巾等，均不能重复使用，一次用完必须消毒后才能再用。

（3）对已患“鹅口疮”的小儿，应多次少量饮水，需要请医生来诊断和治疗，不能自己随便用药，尤其禁止服用抗生素。

11. 答：（1）预防措施：①尽量避免卧位哺乳。②避免新生儿单独趴睡，这种卧位式睡眠容易引起窒息。③避免孩子缩入被子中，口鼻的周围避免有软性物品。④不要捂着孩子。⑤远离吸烟环境。

（2）处理方法：①出现窒息要立即头低侧卧位或者骑跨式抱起孩子清理孩子呼吸道堵塞的奶滞、分泌物。立即着力拍打婴儿的背部使婴儿吐出口中堵塞之物。②当孩子哭出声后呼吸正常后侧卧位放置婴儿避免再次发生窒息。③孩子哭出声后要赶快联系家人和医院工作人员。④出现窒息现状不得延误救治，要学会海姆斯急救法以最快的速度实施救护。

12. 答：（1）先洗头部。洗头时先将婴儿全身用毛巾包起来，以防受凉。用一只手的拇指和中指或无名指从耳后向前压住两侧耳廓以盖住耳孔，防止洗澡水流入耳内，手掌和前臂托着婴儿的脖子、头及后背。

（2）从婴儿的脸部开始清洗，用小毛巾从眼角内侧向外轻拭双眼、口鼻、前额、脸及耳后；将其头向后仰，湿润头发，加少量洗发液轻轻揉洗，用清水冲洗干净，马上用干毛巾擦干。

（3）脐带残端未脱落前最好分别清洗上、下身，以防弄脏脐部。洗躯干和四肢时一只手托住婴儿的肩膀和头部，确保婴儿的头部高于水面以防意外，用另一只手给婴儿清洗。先洗颈部、上肢，再洗前胸、腹部、背部及下肢，最后清洗婴儿的外阴和臀部。颈前、腋下、腹股沟、手指和脚趾间应着重清洗。女婴要特别注意外阴部，先从外阴洗，然后洗肛门及臀部。

（4）洗毕用浴巾迅速裹住婴儿，皱褶处仔细擦干，涂以润肤乳或爽身粉，臀部可涂植物油、护臀霜或乳酸软膏，以防皱褶处皮肤糜烂和尿布疹。

13. 答：（1）刺激婴儿淋巴系统，增强抗病能力。

（2）保护皮肤，降低各种皮肤病的发生率。

（3）改善消化系统功能。

（4）增加睡眠时间。

（5）减少哭泣，增进母婴感情。

14. 答：（1）4 个月后再开始添加辅食。4 ~5 个月强化铁米粉、菜泥、果泥；6 ~7 个月，稀饭、烂面条、菜末、蛋黄、鱼泥、豆腐和动物血；8 ~9 个月肉末、动物内脏、烤馒头片、磨牙棒（饼）、饼干和鸡蛋；10 ~ 12 个月，稠粥、软饭、碎肉、碎菜和馄饨。

（2）注意事项：遇到婴儿不适要立刻停止添加，吃流质或泥状食品的时间不宜过长，使用小勺喂食。选择大小合适、质地较软的勺子。开始时，只在小勺前面舀上少许食物，轻轻地平伸小勺，放在婴儿的舌尖部位上，然后撤出小勺。要避免小勺进入口腔过深或用勺压婴儿的舌头，这会引起婴儿的反感。

15. 答：（1）抚触力度较小，适宜于婴儿比较娇嫩的皮肤和躯体特点；按摩力度稍大，尤其需要刺激穴位，一般实行点按法，适合 1 岁以上的幼儿。

（2）抚触的施行时间较按摩要严格，通常宜选择在沐浴前后、午睡前及晚上睡觉之前。

（3）抚触的主要目的是刺激婴儿感官发育，愉悦身心；按摩通过运用各种手法技巧，可起到平衡阴阳调整肝脏的作用，达到防治疾病的目的。

16. 答：（1）功效：舒缓面部肌肉，明目、醒脑等。

（2）方法：两手拇指置于婴儿眼眶下、鼻两侧，其他四指放在脑后。两手拇指沿着鼻梁两侧向下推压至鼻翼两侧后，拇指渐转为水平状绕过颧骨继续推压至耳前停止。

17. 答：（1）促进动作的协调和发展。

（2）增强骨骼肌肉的系统功能。

（3）健壮婴儿的呼吸器官，使肺活量增加。

（4）促进血液循环和新陈代谢。

（5）维持快乐情绪，促进心理健康发展。

18. 答：（1）促进神经系统的发育，婴儿会更聪明，促进心脏功能，使新陈代谢旺盛。

（2）有利于骨骼系统的发育，使婴儿长得更健壮。

（3）能够增加婴儿的肺活量，有利于胸廓的发育。

（4）能够促进婴儿的胃肠蠕动及消化吸收，减少黄疸的形成。

（5）促进正常睡眠规律的建立。

（6）提高婴儿的耐寒和抗病能力。

19. 答：婴儿动作的发展会遵循一定的原则和规律。规律是从上到下，两个月抬头，4 个月翻身，6 个月能独坐，7 ~ 9 个月会爬，11 ~ 12 个月会独站；从粗到细是指从粗动作到精细动作，从简单动作到复杂动作（包括运动和语言），从低级到高级。

20. 答：（1）视觉。在新生儿醒着的时候，改变光线的明暗，使瞳孔一收一缩，可以促使大脑的视觉发育。白天拉窗帘，夜晚开关电灯也可以达到这样的效果。

（2）听觉。让新生儿听各种声音和语言，用柔和的声调逗引新生儿，播放音乐的声音有强有弱，有快有慢，各种曲调的音乐要交替进行刺激听觉。

（3）触觉。最好是浴后用干布擦，抚触按摩新生儿，通过皮肤感受外界的冷热以及软硬不同的程度接触，刺激大脑的发育。

第五章　参考答案

一、判断对错题

1. √　2. √　3. √　4. ×　5. ×　6. √　7. √　8. ×　9. ×　10. √

二、单项选择题

1. D　2. A　3. A　4. D　5. A　6. B　7. A　8. B　9. C　10. B

三、问答题

1. 答：（1）早产儿温度调节中枢发育不健全，体温调节功能差。

（2）呼吸系统中枢相对更不成熟，因而呼吸不规则，表现为时快时慢，并且有不规则的间歇。

（3）消化系统方面，吸吮及吞咽反射不全，胃肠分泌消化能力弱，容易导致消化功能紊乱及营养不良。

（4）肝功能不全，出生后酶的发育亦慢，故生理性黄疸较重。

（5）由于肾功能发育不全，很容易因感染、呕吐、腹泻和环境温度改变而导致酸碱平衡失调；免疫系统发育不全，即使有轻微的感染也可能引发败血症。

（6）血液成分不正常，血小板数比正常婴儿少。

（7）神经系统发育不全，使早产儿在各种反射功能方面表现很不明显。

2. 答：早产儿产生的原因还不十分明确，但在临床病例分析中，大部分早产儿的出现与以下因素有关：

（1）产妇的社会经济因素，比如营养不良，生育年龄偏小或偏大。

（2）产妇在妊娠早期有疾病、外伤或过度疲劳、吸烟等情况。

（3）孕期产妇患产科并发症。

（4）孕期产妇患其他慢性病。

（5）生殖器的畸形、妇科手术后的子宫内口松弛或先天松弛。

（6）产妇患急性疾病。

（7）孕期产妇患急性传染病伴高烧。急性或慢性中毒、严重的溶血病或贫血病。

（8）经胚胎移植受孕的。

（9）种族和遗传因素。

（10）还有相当数量的早产儿是由于其他原因导致的。

3. 答：（1）早产儿很多都有视网膜病，这种疾病的产生是由于视网膜血管自第16周开始生长，由视觉神经盘向周边视网膜方向发育。若早产则可能使血管停止发育留下一片无血管区域。而氧气可使已经发育的血管收缩或阻塞坏死，当氧气恢复正常时，这些阻塞地区的网膜会产生血管增生因子，刺激不正常血管增生。因此，出院后应严密观察早产儿的视力发育。

（2）早产儿在医院期间要严格控制用氧气指征，脱离了危险出院后的护理，尤其需要注意尽量坚持母乳喂养，以增强婴儿的免疫力，同时控制室内的光亮度，避免强光刺激，凡是经过氧疗符合眼科筛查标准的早产儿，应在出院后4～6周或胎龄32～34周时到眼科进行ROP筛查，以便早期发现，早期治疗。

（3）出院后还必须按照医嘱对早产儿每两周随访检查眼底一次，直到出生后10～12周，视网膜近于正常为止。

4. 答：先天性斜颈是多见的畸形，一般指先天性肌性斜颈，由于一侧胸锁乳突肌挛缩或纤维性变，使头偏患侧，而下额转向对侧的一种颈部不对称畸形。

5. 答：血管瘤是小儿最常见的软组织良性肿瘤，是指由胚胎期间形成血管细胞增生而形成的，常见于皮肤和软组织的良性肿瘤以及由血管构成的常见肿瘤。

第六章　参考答案

一、判断对错题

1. ×　2. √　3. ×　4. √　5. √　6. √　7. √　8. √　9. ×　10. √

二、单项选择题

1. A　2. D　3. C　4. D　5. B　6. C　7. B　8. C　9. D　10. A

11. D　12. C　13. D　14. D　15. A

三、问答题

1. 答：（1）妊娠期胃肠道平滑肌张力降低，故胃内酸性内容物可逆流至食管下部产生“烧心”的感觉。而且，胃酸及胃蛋白酶分泌量减少，胃排空时间延长，容易出现上腹部饱满感，因而，孕妇应防止饱餐。同时，由于肠蠕动减弱，粪便在大肠停留时间延长，容易出现便秘，常引起痔疮或使原有痔疮加重。

（2）分娩后，妇女在产褥期内，胃、小肠以及大肠逐渐恢复正常位置和功能，胆囊容易向十二指肠排出胆汁，消化系统逐渐正常，但由于腹压功能降低，仍常有便秘现象。正常情况下，产后消化系统 1 ~2 周就可自行消化食物。

2. 答：产后坏死的子宫蜕膜、血液等形成经过阴道的排出物，称恶露。根据产后不同时期的状态，恶露分为以下几种：

（1）血性恶露。分娩后不久，恶露的成分大部分为血液，颜色为红色，而且量也非常多。产后第 2 ~3 天，基本仍是红色的血液，但排出量大幅减少。

（2）浆液恶露。恶露稀薄，颜色从淡红色渐渐变浅成褐色，排出量变少，时间大约需要 4 ~5 天。之后，颜色从褐色变为浅浅的黄褐色，排出量进一步减少。

（3）白色恶露。约产后大约 2 周后，变成白色恶露，会持续 2 ~3 周左右。

3. 答：（1）体温：产后 24 小时内体温略有升高，一般不超过 38 度。产后 3 ~4 天由于乳房充血，会发生一次性发热，一般不超过 12 小时。

（2）脉搏：产后脉搏较慢，在 60 ~70 次/分钟，约在产后一周内恢复正常。

（3）呼吸：产后产妇由于妊娠，腹部环境发生变化，分娩后腹腔压力降低，会使横膈恢复原来状态，呼吸加深变慢。

（4）血压：血压多无明显变化。子痫前期或子痫的产妇，产后血压明显下降。

4.（举出每点的大意即可）答：（1）子宫的重量。平常时期的重量大约为 50 克。分娩后不久，子宫的重量约为 1000 克。产后 1 周，为之前的一半，大约 500 克。产后 2 周，约为 350 克。产后 5 周，约为 200 克。产后 6 ~8 周，恢复到孕前的重量，大约 60 克。

（2）子宫底。未孕时，宫底在骨盆内，无法摸到。分娩后不久，在肚脐下方 5 ~6 厘米处能触摸到子宫底（子宫的最上面）。在分娩后 12 ~24 小时之后，返回到肚脐的高度。产后第 3 天，子宫又降到与分娩后不久时相同的高度。产后第 4 天，降至肚脐和耻骨之间。产后第 6 天，降至耻骨上方 2 ~3 厘米处。产后第 8 ~9 天，降至与耻骨处于同等高度，之后进入骨盆之中。

（3）子宫颈管。子宫颈管的恢复是非常迅速的，分娩后不久为 6 ~7 厘米长，产后仅 8 个小时左右就可以恢复成原来的长度。另外，子宫颈管的内腔在产后第 3 天将缩小到 2 指宽，在产后第 10 ~12 天则缩小到 1 指宽，并且在产后第 4 周外子宫口关闭，并形成横裂。

(4) 子宫腔的长度。平常正常状态下，子宫腔的长度大约为7厘米。分娩后不久，子宫腔的长度增加到约15厘米。产后1周，子宫腔的长度约为12厘米。产后2周，子宫腔的长度约为10厘米。产后3~4周，子宫腔的长度为8~9厘米。产后6周，子宫腔的长度为7厘米，恢复到孕前的长度。

(5) 子宫内膜再生。胎盘娩出后子宫收缩，胎盘附着部位面积立即缩小，动静脉血管收缩，血栓形成出血停止。此后，子宫蜕膜表层变性坏死，随恶露排出。产后3周，由新生内膜覆盖子宫腔；产后6周，胎盘附着处子宫内膜全部修复。

5. 答：(1) 分娩后不久，由于胎儿、胎盘、羊水等被排出体外，产妇体重通常会减少5千克左右。

(2) 之后，由于还有恶露排出，尿量增加、出汗或母乳分泌等原因，体重还会慢慢下降。

(3) 接下来，产妇体重的下降速度会缓慢下来，在产后4~6周时，就差不多会维持在一定的范围内。

第七章　参考答案

一、判断对错题

1. √	2. √	3. √	4. ×	5. ×	6. ×	7. √	8. ×	9. √	10. ×
11. √	12. √	13. √	14. ×	15. √	16. ×	17. √	18. √	19. √	20. ×
21. ×	22. √	23. ×	24. ×	25. ×	26. √	27. √	28. √	29. √	30. √
31. ×	32. ×	33. ×	34. ×	35. ×	36. √	37. ×	38. √	39. √	40. ×
41. √	42. √	43. √	44. ×	45. √	46. √	47. √	48. √	49. ×	50. √
51. √	52. ×	53. √	54. √	55. ×	56. ×	57. ×	58. √	59. √	60. ×
61. √	62. ×	63. √	64. √	65. √	66. √	67. √	68. √	69. ×	70. ×
71. √	72. ×	73. ×	74. √	75. √	76. √	77. √	78. ×	79. √	80. √

二、单项选择题

1. A	2. A	3. D	4. D	5. A	6. B	7. B	8. C	9. C	10. D
11. D	12. B	13. B	14. A	15. B	16. A	17. A	18. D	19. C	20. A
21. B	22. D	23. A	24. D	25. A	26. C	27. C	28. C	29. A	30. C
31. D	32. B	33. C	34. C	35. A	36. A	37. C	38. A	39. A	40. B
41. A	42. B	43. D	44. A	45. A	46. B	47. C	48. D	49. D	50. B
51. B	52. D	53. A	54. B	55. D	56. D	57. D	58. C	59. C	60. D
61. A	62. D	63. D	64. A	65. A	66. D	67. B	68. C	69. D	70. D
71. D	72. B	73. C	74. B	75. D	76. D	77. B	78. B	79. C	80. D

三、问答题

1. 答：（1）蛋白质。瘦肉、鱼、蛋、乳、家禽类含动物蛋白；花生、豆类、豆制品、谷物含植物蛋白（100 克谷物含 7 ~10 克蛋白质）。

（2）脂肪。肉类含动物脂肪；豆类、花生、核桃、葵花子、芝麻等含植物脂肪。

（3）糖类。所有谷物类、白薯、土豆、栗子、莲子、藕、菱角、蜂蜜、粮食等都含糖类。

（4）矿物质。油菜、藻类菜、芹菜、雪里红、荠菜、小白菜含铁和钙较多；猪肝、猪肾、鱼、豆芽菜中含磷较多；海带、虾、鱼、紫菜含碘量较多。

（5）维生素。①维生素 A：鱼肝油、蛋、肝、乳品、菠菜、荠菜、胡萝卜、韭菜、苋菜、莴苣叶中含胡萝卜素较多，可以在体内转化成维生素 A。②维生素 B：多存在于小米、玉米、糙米、麦粉、豆类、肝、蛋、青菜、水果中。③维生素 C：多存在于各种鲜菜、柑橘、橙、柚、草莓、柠檬、苹果、番茄、鲜枣中。④维生素 D：多存在于鱼肝油、蛋类、乳类中。

2. 答：（1）营养不但让产妇尽快地恢复，而且可以提高乳汁质量，让婴儿健康成长。注意事项如下：

①产后由于胃肠功能未恢复，为了保证营养，要少吃多餐，每天保证 5 ~6 顿。②饮食清淡适宜：饮食清淡不是不能用调料，适当的调味能促进产妇的食欲，而葱、姜、蒜、花椒利于行血，可适当少用。③荤素搭配：荤素搭配利于营养吸收，产妇除了吃动物性食品之外，还应多吃蔬菜水果，蔬菜水果中的纤维素可促进肠蠕动，帮助消化，防止便秘，减少肥胖的可能。④干稀搭配、多喝汤水：食物汤汁不但有营养、开胃，还能补充水分，利于乳汁分泌。喝的汤水除鱼汤、猪蹄汤、排骨汤、鸡汤外，还应该包括果汁、牛奶、豆浆等。

（2）月子餐制作：要掌握以下几个原则：①生熟菜板、刀具、抹布要分开。②煲汤主料乌鸡、排骨等可以凉水下锅，微火慢煮，以保持营养成分。③炒菜时应注意色、香、味俱全，既有营养又能享受到就餐的快乐。④营养搭配要均衡，不宜让产妇天天都吃大鱼大肉，这样会使产妇因摄入热量太多而迅速发胖。在保证营养的同时，应适当吃些蔬菜和水果。

3. （举出大意即可）答：主要分为三个环节：与产妇交流沟通、注意观察产妇情绪变化，发现异常及时疏导、将产妇情绪适时适当告知家属，取得家属支持配合。

（1）入户后先与产妇及其家属交流沟通：了解产妇的生活习惯、喜好与禁忌，牢记并遵守，取得产妇的信任。

（2）注意观察产妇的情绪变化，发现产妇情绪低落时，可以主动关心她并与之交流，争取产妇能够敞开心扉，谈出自己的感受，然后帮助产妇解决具体困难，针对产妇情况进行疏导，从好的方面考虑问题。若产妇不愿谈感受时，不可追问，可以先通过收拾房间，建议产妇放一些轻松的音乐，并且做一些产后形体恢复操，缓解产妇负面情绪。

（3）在征得产妇同意的基础上，将产妇情绪适时适当告知家属，取得家属的支持配合。家人的关心和爱护是产妇度过不良情绪阶段的重要因素，但是家属往往不了解产后抑郁是大多数产妇的生理反应，严重者可以发展到产后抑郁症，因此使家属了解并加以配合很有必要，共同帮助产妇度过这一阶段。

4. 答：（1）量力而行，循序渐进，以不累不痛为原则，可以让产妇自己适度掌握运动量。

（2）产后运动时间逐渐增加，动作从最简单到复杂，运动量由小到大。

（3）每餐不要吃得太饱，饭后 1 个小时进行运动，运动后注意补充水分。

（4）产后关节松弛，应该注意保护，尽量不做单脚用力的动作，如跳跃等。

（5）如果运动中发现出血量增多，应立即让产妇停止运动。

（6）鼓励产妇持之以恒，贵在坚持。

5. 答：（1）尽早哺乳。于产后半小时内开始哺乳，促进乳汁畅流。

（2）外敷乳房。哺乳前热敷乳房，可以促使乳腺管畅通。在两次哺乳之间热敷，可以减少局部充血肿胀。

（3）按摩乳房。哺乳前按摩乳房，可以促进乳腺管畅通。

（4）配戴乳罩。乳房肿胀时，产妇穿戴合适的具有支托性的乳罩，可以减轻乳房充盈时的沉重感。

（5）生面饼外敷。用生面饼外敷乳房，可以促进乳腺管畅通，减轻疼痛。

（6）服用药物。可口服维生素 B 或散结通乳的中药。请在医生指导下服用。

6. 答：顺产产妇的会阴部一般需要擦洗三遍：

（1）第一遍自耻骨联合一直向下擦至臀部，先洗净一侧后用同一棉签同样擦洗另一侧，再用另一棉球自阴阜向下擦净中间。自上而下，自外向内，初步擦净会阴部的污垢、分泌物和血等。

（2）第二遍的顺序为自内向外，或以伤口为中心向外擦洗。擦洗时应注意最后擦洗肛门，并将擦洗后的棉球丢弃。

（3）第三遍的顺序跟第二遍相同。必要时可根据实际情况增加次数。最后用干纱布擦干。

7. 答：引起产后抑郁症的原因是多方面的。

（1）产后抑郁症与体内激素水平的变化有关。血浆催乳素水平低和较高的孕激素水平，预示女性在产后 6 ~ 10 周容易有抑郁情况发生。母乳喂养的产妇，催乳素水平较高，故不易患抑郁症。年龄与血浆皮质醇和催乳素水平有明显相关性，即高龄妇女易发生产后抑郁症。此外与甲状腺功能低下有关。

（2）心理因素。多见于以自我为中心、敏感、情绪不稳定、好强求胜、固执、社会能力不强、与人相处不融洽和内倾性格等个性特征的产妇更容易患产后抑郁症。

（3）身体因素。对分娩的心理准备不充分、分娩带来的疼痛与不适使身体和心理应激性增强，难产、手术等产时并发症也是产后抑郁症不可忽视的诱因。

（4）遗传因素。有家庭精神病遗传史的产妇较一般产妇更容易患此类疾病。

（5）其他社会因素。不良的分娩结局如死胎、死产、畸形儿或分娩前后的应激生活事件如失业、夫妻分离、亲人病丧、家庭不和睦以及住房困难、经济条件差等都是引发产后抑郁的危险因素。

8. 答：婴儿外出时的安全注意事项主要有：

（1）要有安全意识，不应让婴儿离开父母的视线。

（2）婴儿免疫力较成人弱，应尽量避开人多拥挤的场合，以免婴儿感染疾病。

（3）如果婴儿有晕车、晕船、晕机的病史，出行前不应吃得太饱，可以给稍大些的婴儿咀嚼含葡萄糖的食物。

（4）在旅途中，尽量给婴儿挑选通风透气的位置，如有不适，可马上处理。

（5）在车中就座时，应让婴儿坐在里侧，成人坐在外侧费看护，以免急刹车、车拐弯或婴儿睡着时不小心摔下座位。在车内要预防婴儿被碰伤，不要抱婴儿随意在车上走动。在行车过程中，切记不要让婴儿的手和头伸到车窗外。

第八章　参考答案

一、判断对错题

1. √	2. √	3. ×	4. √	5. ×	6. √	7. ×	8. √	9. √	10. √
11. ×	12. √	13. √	14. √	15. ×	16. ×	17. ×	18. ×	19. ×	20. ×
21. √	22. √	23. ×	24. √	25. √	26. ×	27. ×	28. √	29. √	30. ×
31. √	32. ×	33. √	34. √	35. √	36. √	37. √	38. √	39. √	40. √
41. √	42. √	43. √	44. √	45. √	46. √	47. √	48. ×	49. √	50. √
51. ×	52. √	53. √	54. ×	55. ×	56. √	57. √	58. √	59. √	60. √

二、单项选择题

1. A	2. B	3. A	4. A	5. D	6. C	7. A	8. B	9. D	10. A
11. B	12. D	13. A	14. D	15. A	16. D	17. A	18. C	19. C	20. B
21. B	22. C	23. A	24. C	25. D	26. D	27. D	28. D	29. C	30. B
31. A	32. D	33. C	34. C	35. C	36. A	37. C	38. C	39. B	40. A
41. B	42. C	43. C	44. A	45. D	46. D	47. D	48. B	49. D	50. C
51. C	52. B	53. A	54. D	55. D	56. C	57. A	58. C	59. A	60. D

三、问答题

1. 答：（1）心理调整，树立信心，让产妇相信自己有能力哺喂婴儿，还要放松自己，休息好、思想愉快可促进催乳素的分泌，另外多与婴儿接触，孩子的皮肤、动作、表情和气味都是催乳素分泌的促进剂。

（2）指导产妇掌握正确的哺乳方法，尽早哺乳，多多吸吮，鼓励母婴同室，按需喂奶，还应适当延长每侧乳房的喂奶时间。

（3）调整产妇膳食结构，营养充足，首先保证水的摄入，多喝鱼、肉汤等，以增加乳汁分泌。

（4）用中医手法催乳。按摩刺激相关穴位，疏通乳腺管道，增加乳汁分泌。

2. 答：母乳喂养成功的关键是产后要做到：

（1）产后做到三早：早喂养、早吸吮、早接触。

（2）按需哺乳。

（3）不要在乳汁还未畅时让产妇饮用太多的汤剂。

（4）喂完奶后要产妇及时排空余奶。

（5）不要过早混合喂养，总是怀疑自己奶不够。

（6）树立母乳喂养的信心。

（7）做好产妇乳房的护理。

3. 答：（1）冷敷乳房，并按顺时针或逆时针方向轻轻按摩乳头及乳晕 15 ~ 20 分钟，增加哺乳次数。

（2）奶水过多时应及时排空乳房。

（3）乳房胀痛缓解后，如果婴儿的吮吸能力强就不用再按摩乳房，如果吸吮能力较弱，每次喂奶前都应按摩乳房，以利奶水通畅排出，避免乳房胀痛。

（4）如果乳房胀痛并伴有发热，可能是乳腺管不通畅，母乳中的物质进入血液所致，一般24 小时内会自然退热，不用医学处理。如果发热持续48 小时以上，考虑可能合并感染，应及时就医。

4. 答：（1）当产妇患有某种传染性疾病时，如处于非急性期或非活动期，在治疗疾病的同时可继续喂奶。当产妇患有高血压、心脏病、糖尿病、肾脏病时，如无严重并发症，经医生同意可以喂奶。

（2）乳房感染、乳房手术未愈不宜给婴儿哺奶，但需每隔 3 ~4 小时挤奶一次，以免奶汁减少导致回奶，以便疾病痊愈后继续给婴儿喂奶。

（3）乳头皲裂：当乳头皲裂时，可以挤奶后用小匙哺喂。生奶疖时，有病的一侧不要给婴儿喂奶，也需按时挤出奶汁。

5. 答：（1）生物碱代谢药可影响泌乳素的生产，从而抑制泌乳。

（2）止痛药。一切普通的止痛药，如可卡因、安乃近应避免使用。因为这些药可通过乳汁分泌出来。

（3）镇静药。如产妇用了安定、巴比妥酸盐等药后，会加重婴儿肝的代谢负担，而且药物易蓄积婴儿体内，另外还会引起新生儿困倦和嗜睡。

（4）哺乳产妇禁用的药物。以下药物在哺乳期最好不用，如必须用时，就要考虑停止哺乳：金刚烷胺、抗癌药物、溴化物、灭滴灵、放射性同位素等。

6. 答：（1）应将大部分乳晕含到婴儿嘴里。

（2）开始喂奶时先喂无裂口的一侧，再喂患侧，因为这时孩子吸吮的力量变小，对患侧乳头的刺激减少。

（3）每次哺乳的时间限制在10分钟内。

（4）每次喂奶后留一滴奶均匀地涂在乳头上。

（5）天气潮湿时，尽量将乳房暴露，保持乳头干燥，促进乳头裂伤愈合。

（6）如果双侧乳房有皲裂，或纠正婴儿吸吮方式后，产妇仍感到乳头疼痛难忍，可暂时停止让婴儿吸吮，用手或吸奶器将乳汁挤出，再用汤匙喂给孩子，同时把鱼肝油软膏或蓖麻油涂在乳头上，预防感染，促进裂伤愈合。

7. 答：（1）哺乳时保持平静、舒适。

（2）如果开始喂时乳汁呈喷射样，可先挤出少许再喂孩子。

（3）新生儿每次喂奶量应控制在30～50毫升。

（4）选择低流速奶头或以奶瓶倒立时奶滴状连续流出时的奶孔大小为宜。

（5）喂奶前避免婴儿过度哭闹，应在婴儿非常饥饿前就开始喂奶。

（6）喂奶后将婴儿竖抱，头靠在自己肩上轻拍后背5～10分钟，待婴儿将吞入的空气排出（打嗝）后，再将其右侧卧位放在床上并将床头垫高，或将其头高脚低倾斜30度抱30分钟。

（7）换尿布应在喂奶前进行，做操、抚触最好在两顿奶之间进行。

8. 答：在为新生儿哺乳时，通常会遇到婴儿拒绝产妇乳房的现象，其原因和解决方法大致如下：

（1）产妇的乳房可能因为肿胀（乳汁过多、有疼痛感、变硬）而使新生儿很难吸吮。遇到这种情况，产妇可以用一块温热柔软洁净的棉布热敷乳房或用热水浸泡乳房以减轻肿胀，也可以试着挤出一些乳汁，使乳房稍微松软一些，这样一来，新生儿就比较容易吸吮乳头，不会再拒绝产妇的乳房了。

（2）产妇的乳汁可能流出得太快而使婴儿吸吮时常常呛着，因此就拒绝产妇的乳房。这时，产妇可以先挤出一些乳汁，以减轻乳房压力，使乳汁流出不至于太快；另一种办法是，用中指和食指夹住乳房，减小乳汁的流量。产妇的乳房可能会盖在新生儿的鼻孔上，导致婴儿因呼吸困难而拒绝产妇的乳房。这时，产妇只需轻轻地将乳房移离婴儿的面部，婴儿就会愿意吃奶了。

（3）婴儿的鼻子可能不通气，吸吮时因呼吸受阻而影响吃奶。解决的办法是清除鼻腔分泌物或遵医嘱使用一些滴鼻剂，婴儿鼻子通气了，自然就会吃奶了。

9. 答：（1）产妇体位舒适。可采取不同姿势，重要的是产妇应心情愉快，体位舒适，全身肌肉松弛，有益于乳汁排出。

（2）母婴必须紧密相贴。无论怎样抱婴儿，喂哺时婴儿的身体与产妇的身体应相贴，婴儿的头与双肩朝向乳房，嘴处于乳头相同水平的位置。

（3）防止婴儿鼻部受压。喂哺全过程应保持婴儿的头和颈略微伸张，以免鼻部压入乳房而影响呼吸，但也要防止婴儿头部与颈部过度伸展，造成吞咽困难。

（4）产妇手部姿势正确。应将拇指和余下四指及手掌分别放在乳头上方、下方，托起整个乳房哺乳，除非在奶流过急，婴儿有呛奶时，避免夹托乳房，这种手势会反方向推乳腺组织，阻碍婴儿将大部分乳晕含入口中，不利于充分挤压乳窦内的乳汁。

10. 答：（1）产妇的营养状况。产妇营养良好，热量充足，各种营养素及水分充足，其乳汁的分泌质量就高，且数量也多；反之，则数量少。

（2）产妇的精神状况。产妇的精神因素起一定作用，如焦急、悲伤、紧张不安都可使乳汁突然减少。因此，产妇应该有一个宁静、愉快的生活环境。

（3）产妇的健康状况。产妇要有充分的休息，保证睡眠，过度的疲劳和睡眠不足，会使乳汁分泌减少。产妇生病也会使乳汁减少，使乳房内乳汁淤积，从而抑制乳汁分泌。

模拟试题（一）

一、单选题

1. D	2. D	3. B	4. A	5. D	6. C	7. D	8. D	9. B	10. A
11. A	12. A	13. D	14. B	15. D	16. A	17. D	18. A	19. D	20. C
21. D	22. A	23. C	24. B	25. A	26. D	27. A	28. B	29. C	30. D
31. A	32. B	33. C	34. A	35. D	36. D	37. A	38. B	39. D	40. C

二、判断题

1. √	2. √	3. ×	4. ×	5. √	6. √	7. √	8. ×	9. √	10. ×
11. √	12. √	13. √	14. √	15. ×	16. ×	17. ×	18. √	19. ×	20. √
21. ×	22. ×	23. ×	24. ×	25. ×	26. ×	27. √	28. √	29. ×	30. ×
31. √	32. √	33. √	34. √	35. √	36. √	37. ×	38. √	39. √	40. √

三、问答题

1. 答：（1）提高自身素质。首先应该从自身的基本素质做起，学会文明用语，礼貌待人，做一名有素质的公民。

（2）给客户一个非常好的第一印象。首先，穿戴要得体大方，符合职业习惯。其次，要用非常平和的语气跟客户打招呼，表现出自己应有的外在礼貌和内心的自信。最后，举止得体。到客户家要仔细倾听客户的要求，然后作出合适的回答。

（3）拥有良好的心态。工作过程中，要保持良好的心态愉快地工作。要做到愉快工作，首先要调适自己的社会心态。其次，要调整自己在工作中的心态。

（4）同理心，将心比心。新生命的降临，会给整个家庭都带来欢乐，但也会有一大堆新的工作随之而来，平稳有序的生活也会被打乱。作为高级母婴护理师，应该在力所能及的情况下，尽量为客户解决实际问题。

（5）四“多”、两“少”沟通方法。“四多”：多听；多问；多用乐观的语调；多用非语言沟通。“两少”：少用“我”字。在与客户沟通过程中，一般不过分强调“我”，以免引起客户的反感。最好多用“我们”“咱们”等，尽量缩短与客户的心理距离。少反驳客户的意见，要尊重客户的观点。

2. 答：（1）在腹泻时，无论病情轻重，都不应添加新的辅助食品。

（2）病情较重时，还应暂时停止喂牛奶等主食。禁食时间一般为 6 ~ 8 小时为宜，最长不能超过 12 小时。

（3）禁食期间，可用胡萝卜汤、苹果泥、米汤等来喂婴儿，以补充无机盐及维生素，这些食物易于消化，能减轻肠胃的负担。

（4）注意充分补充水分，一般婴儿都可以安全度过腹泻期。如果婴儿腹泻不太严重，只需饮食调整即可得到矫正。

3. 答：（1）配乳及哺乳前必须洗净双手，奶粉配制必须用开水。

（2）特别注意奶瓶、乳头、匙、碗、杯等食具的消毒，要按照器具的消毒说明操作。

（3）奶粉要在每次喂奶前现调，浓度要适当。

（4）加热的牛奶应立即食用，剩余的牛奶不能再喂。

（5）如果婴儿一吃奶就哭或者就睡，要检查一下奶嘴的孔是否太小或者堵塞。

（6）婴儿吃奶应在 20 分钟之内完成。

4. 答：（1）准备好纸尿裤。有印花腰贴的是纸尿裤的背面。打开纸尿裤，让内侧的立体护围直立起来。打开纸尿裤的时候不要碰到内面，以免交叉感染，并确认一下护围是不是立着的。

（2）把纸尿裤放在婴儿屁股下。手放到小屁股下，将小屁股稍微抬起，把纸尿裤垫在下面。后片的纸尿裤要插入腰部比较高的位置。将前片提起，用纸尿裤的中间部分把小屁股包起来，注意两腿的边上也不要有缝隙。

（3）固定腰贴。将包在婴儿肚皮上的纸尿裤前片用一只手固定好，注意不要弯折，把两侧搭带拉过来，左右对称地贴好。松紧以肚皮和纸尿裤之间伸入一个指头感觉有一点点紧为宜。注意点：贴搭带的时候，要先贴好一边再贴另一边，在贴另一边的时候把两个手指放进去贴在手上，不要压到婴儿肚脐上。

（4）整理立体护围、褶边和松紧度。纸尿裤穿好以后，要将大腿周围的褶边捏起来，看一看确认里面的立体护围是否直立着。正确帮婴儿换纸尿裤的要点是“一根手指”的松紧度，还要注意吃饱和没有吃饱的松紧度。

5. 答：（1）冷敷乳房，并按顺时针或逆时针方向轻轻按摩乳头及乳晕 15～20 分钟，增加哺乳次数。

（2）奶水过多时应及时排空乳房。

（3）乳房胀痛缓解后，如果婴儿的吮吸能力强就不用再按摩乳房，如果吸吮能力较弱，每次喂奶前都应按摩乳房，以利奶水通畅排出，避免乳房胀痛。

（4）如果乳房胀痛并伴有发热，可能是乳腺管不通畅，母乳中的物质进入血液所致，一般24 小时内会自然退热，不用医学处理。如果发热持续48 小时以上，考虑可能合并感染，应及时就医。

模拟试题（二）

一、单选题

1. D　2. B　3. D　4. B　5. A　6. B　7. D　8. D　9. C　10. B

11. B　12. D　13. D　14. A　15. D　16. C　17. A　18. B　19. D　20. C

21. D　22. A　23. C　24. C　25. B　26. B　27. C　28. A　29. D　30. D

31. A　32. B　33. C　34. C　35. D　36. B　37. B　38. D　39. A　40. C

二、判断题

1. √　2. √　3. √　4. ×　5. √　6. ×　7. √　8. √　9. √　10. ×

11. √　12. √　13. √　14. √　15. √　16. √　17. √　18. √　19. √　20. ×

21. ×　22. √　23. ×　24. √　25. ×　26. √　27. √　28. ×　29. √　30. ×

31. ×　32. √　33. √　34. √　35. ×　36. √　37. √　38. √　39. √　40. √

三、问答题

1. 答：新生儿的口腔黏膜很细嫩，血管丰富，容易损伤。千万不能用纱布擦拭，以防因口腔黏膜破溃造成严重感染。“鹅口疮”是新生儿时期的常见病，但若能做到以下几点是可以避免的：

（1）母乳喂养：应保持乳房特别是乳头清洁，哺乳结束时，挤出少许乳汁，涂在乳头部，待其自然干燥，乳汁有抑菌作用，可避免感染。

（2）需用奶瓶喂养时，每次奶头、奶瓶用后，以清水冲洗干净，煮沸消毒后待用。盛奶头的容器应每天更换、刷洗、消毒。所有接触小儿口腔的物品，如覆盖奶头的手帕、喂奶时嘴边垫用的毛巾等，均不能重复使用，一次用完必须消毒后才能再用。

（3）对已患“鹅口疮”的小儿，应多次少量饮水，需要请医生来诊断和治疗，不能自己随便用药，尤其禁止服用抗生素。

2. 答：（1）早产儿很多都有视网膜病，这种疾病的产生是由于视网膜血管自第16

周开始生长，由视觉神经盘向周边视网膜方向发育。若早产则可能使血管停止发育留下一片无血管区域。而氧气可使已经发育的血管收缩或阻塞坏死，当氧气恢复正常时，这些阻塞地区的网膜会产生血管增生因子，刺激不正常血管增生。因此，出院后应严密观察早产儿的视力发育。

（2）早产儿在医院期间要严格控制用氧气指征，脱离了危险出院后的护理，尤其需要注意尽量坚持母乳喂养，以增强婴儿的免疫力，同时控制室内的光亮度，避免强光刺激，凡是经过氧疗符合眼科筛查标准的早产儿，应在出院后 4 ~ 6 周或胎龄 32 ~ 34 周时到眼科进行 ROP 筛查，以便早期发现，早期治疗。

（3）出院后还必须按照医嘱对早产儿每两周随访检查眼底一次，直到出生后 10 ~ 12 周，视网膜近于正常为止。

3. 答：（1）体温：产后 24 小时内体温略有升高，一般不超过 38 度。产后 3 ~ 4 天由于乳房充血，会发生一次性发热，一般不超过 12 小时。

（2）脉搏：产后脉搏较慢，在 60 ~ 70 次/分，约在产后一周内恢复正常。

（3）呼吸：产后产妇由于妊娠，腹部环境发生变化，分娩后腹腔压力降低，会使横膈恢复原来状态。孕期主要为胸式呼吸，这时又转变为腹—胸式呼吸，呼吸加深变慢。

（4）血压：血压多无明显变化。子痫前期或子痫的产妇，产后血压明显下降。

4. 答：（1）尽早哺乳。于产后半小时内开始哺乳，促进乳汁畅流。

（2）外敷乳房。哺乳前热敷乳房，可以促使乳腺管畅通。在两次哺乳之间热敷，可以减少局部充血肿胀。

（3）按摩乳房。哺乳前按摩乳房，可以促进乳腺管畅通。

（4）配戴乳罩。乳房肿胀时，产妇穿戴合适的具有支托性的乳罩，可以减轻乳房充盈时的沉重感。

（5）生面饼外敷。用生面饼外敷乳房，可以促进乳腺管畅通，减轻疼痛。

（6）服用药物。可口服维生素 B 或散结通乳的中药。请在医生指导下服用。

5. 答：（1）量力而行，循序渐进，以不累不痛为原则，可以让产妇自己适度掌握运动量。

（2）产后运动时间逐渐增加，动作从最简单到复杂，运动量由小到大。

（3）每餐不要吃得太饱，饭后 1 个小时进行运动，运动后注意补充水分。

（4）产后关节松弛，应该注意保护，尽量不做单脚用力的动作，如跳跃等。

（5）如果运动中发现出血量增多，应立即让产妇停止运动。

（6）鼓励产妇持之以恒，贵在坚持。